JN089430

給料ゼロ円で24時間働く

みんなのバックオフィスDX

～「人事・労務・総務・経理」の壁はもういらない～

劉 桂栄
Liu Keiei

マネジメント社

はじめに

みなさん、こんにちは。

私は株式会ジャンガ・テック代表取締役社長の劉桂栄と申します。

突然ですが、みなさんに質問です。

①自動車

②3Dプリンター

③QRコード

この3つ、世界で最初に発明したのはそれぞれどこの国の人かわかりますか？

①は何を自動車ととらえるかによって変わってきますが、フランスの陸軍技術大尉だったニコラ・ジョゼフ・キュニョーが1796年に発明した蒸気自動車が最初とされています。

ガソリンで動く自動車を発明したのはオーストリア人のジークフリート・マルクスで、1870年のことだそうです。その後、ドイツのダイムラーやベンツ、アメリカのフォードなど、後世に自動車メーカーとして名前を残す人々が次々と自動車の実用化にかかわる発明をしています。

電気自動車の歴史は、じつはガソリンエンジン車より古いのです。電池は1777年、モーターは1823年に発明されており、1873年にイギリスで電気式四輪トラックが実用化されています。史上初の時速100キロ超えを達成したのは、なんと電気自動車だったのです。

しかし、19世紀後半に英国で施行された「赤旗法」という法律で、自動車のスピードを制限したことは皆さんご存知のことと思います。その法律は、歩行者や馬車の安全に配慮するという名目ではありましたが、実際には馬車関連業者の権益を保護するために自動車を規制しようとしたものでした。今から見れば、バカな法律だなぁと思うけれど、このような保守的な考え方は今も存在しています。

②3Dプリンターと③QRコードを発明したのは、いずれも日本人だといったら、みなさんは驚くでしょうか？

自動車が欧米を中心とした世界を大きく変えたように、3Dプリンターと QRコードは、私たちの暮らしに現在進行形で大きな変化をもたらしています。

3Dプリンターは、切削加工なしに部品や製品をつくれるようにしたほか、特殊な技術を用いることなく、少ない材料で家を建てることも可能にしました。

QRコードは、コンビニなどでお金を払うときの決済に使っているように、私たちの身近で使われています。

私はこの質問を経営者向けの講演会などでよくするのですが、もちろん、ただ知識を試したり、レクリエーションとしてクイズを出しているわけではありません。

3Dプリンターは、1987年にアメリカで現在の3Dプリンターにつながる特許が出願される7年も前に、名古屋市工業研究所の小玉秀男さんがほぼ同様の特許を出願しながらも実用化に興味を持つ企業が現れず、小玉さんの留学中に特許が失効したという経緯があるそうです。

QRコードを発明したのは、自動車部品メーカー・デンソーの技術者だった原昌宏さん。製造現場の製品管理に利用されていたバーコードの約350倍の情報量を持つ新たなコードとして開発しました。

こちらは普及を前提に技術特許使用料をあえて無料にしたのですが、決済に利用したのは中国が最初です。現金に代わる決済方法として使われることは、開発者の原さんも想定していなかったと後に語っています。

自動車が、フランスやドイツ、イギリス、アメリカなど開発国に近いところで発展を遂げ、巨大なビジネスになっていったのと対照的に、3Dプリンターやを QRコードは日本で生まれたにもかかわらず、他国でビジネスと結びつき、本当の意味で“実用化”されることになりました。

私は中国の内モンゴル自治区、奈蔓旗（ないまんき）で生まれました。現在も砂漠化が進む土地で育った私にとって、テレビの向こうの日本文化は憧れそのもの。

大学で日本語を学んだ私には、好景気に沸き、技術立国として世界を席巻する日本は輝いて見えました。

戦後復興期から急激な成長を遂げたときの日本は、創意工夫と技術力だけでなく、それをビジネスにつなげる実行力、行動力を持っていたはずです。しかし、その後に得た経済的な成功があまりに大きかったせいもあるのでしょう、徐々に過去の成功体験にこだわり、新しい試みをリスクととらえるようになっていったように見えます。

7年ほど前でしょうか、ある流通業を経営している方と食事をしている際に、「人間が在庫の数を数えたり、商品を陳列したりする時代は終わりますよ」という話をしました。

その頃すでに、在庫管理がロボット化されていて、画像やセンサーを使って無人で在庫を数える実用的なシステムが使用され始めていました。

「うちはまだいいよ」

7年前そういっていた経営者が率いる企業は、まだロボット化に踏み切っていません。その間に、ロボット化に踏み切ったライバル、IT化を前提に台頭した新興企業に押され、業績もずいぶん落ちてしまいました。

7年前、ロボット化に踏み切っていれば、悔しい思いをせずに済んだことでしょう。進化したライバルたちが作業をロボット化し、効率化を果たした「7年間の差」は永遠に埋まることはありません。できることがあるのに何もしなかった企業は、「何もしないリスク」が実害となって業績を押し下げているのです。

私が本書でお話したいのは、まさにこの「後悔先に立たず」ということです。

技術の進化が進み、たえず変化する時代では、現状維持は停滞どころか後退と同義です。変えなければ成長しない、変わらなければ生き残れませんし、試さなければ何も得ることができません。

本書は、よくあるDXの解説本でも技術本でもありません。DXがあなたの会社、仕事、生活にどんな影響を与えるのか、どんな可能性をもたらしてくれるのか――まさに経営の根幹にかかわるビジネスのための本です。

少子高齢化による労働人口の減少、働き方の変化、労働人口の国際化、旧来のシステムの老朽化と更新へのコスト、気候変動、環境問題など、日本には大きな問題が山積しています。

DXは作業時間の短縮、生産性の向上、業務のブラックボックス化の解消など、効率化に貢献しながら、さらにペーパーレス化により環境にも貢献できます。上記の問題の解決にも資する一手になり得ます。

事実、弊社の顧客としてさまざまなサービスを利用されている企業は、バブル崩壊後の長引く不景気、リーマンショック、東日本大震災による影響、そしてコロナパンデミックと、危機的状況に対して、テクノロジーとシステムを融合した経営方針に舵を切ることで、ピンチをチャンスに変えて成長を遂げているのです。

私の好きな言葉に1960年代に活躍したアメリカのグラミー賞歌手、ジミー・ディーンの「風向きを変えることはできないけれど、いつでも自分の進みたい方向に帆を調整することはできる」というものがあります。

時代の風向きを変えることは難しくても、私たちはいつでも、自分の進みたい方向に向かって帆を張ることができます。今の時代、風を受ける帆はテクノロジーであり、DXこそがデジタル化の波を進むための羅針盤なのです。この本があなたの新たな旅への航海図になることを願っています。

2024年1月

株式会社ジャンガ・テック
代表取締役社長　**劉 桂栄**

給料ゼロ円で24時間働く
バックオフィスDX
〜「人事・労務・総務・経理」の壁はもういらない〜

第 2 章 ▸ 残業代ゼロで24時間365日働いてくれるAI社員

第 3 章 ▸ 大企業にも有効! すでに変革を起こしているDX

第 4 章 ▸ ITオンチでも大丈夫！ DXの進め方

第 5 章 ▸ DXは人を生かし、会社を強くする

第 6 章 ▸ 答えのない時代の“未来”を創るために

Prologue

御社にDXが切実に必要な理由

まずはDXを知りましょう

■実際のところDXってなんでしょうか？

DXと聞いてみなさんはどんなことを思い浮かべるでしょうか？ デジタルツールの導入、活用でしょうか？

コロナ禍でいやがうえにも進んだテレワークの推進でしょうか？

IT化、デジタル化、AIの活用といった、最新のトレンドが浮かぶ人もいるかもしれません。

私がお付き合いをしている中小企業の経営者の多くも、初めのうちは「ウチには関係ない」「そこまでやらなくても今のままで困っていない」と“DXアレルギー”にでもかかっているかのような反応をします。

さて、みなさんはDXについてどれくらい理解しているでしょう？

「いやいや、全然わからないよ」

「担当者、若い人に任せるよ」

そんな経営者のみなさんにこそ、声を大にして伝えたいのが、「DXの本当の意味を理解したら、みなさんがこれまで取り組んできたビジネス、必死で守ってきた商売を助けてくれる心強い味方になりますよ！」ということです。

DXは英語の「Digital Transformation（デジタルトランスフォーメーション）」の略です。単なる略称ならばDTじゃないの？　というのもDXをわかりにくくさせているのでしょう。

TransformationのTrans＝を「X」と表現することから「Digital X-formation」、略してDXと呼ばれるようになりました。

■DXはデジタル化のことではありません

DXという概念自体は、2004年に当時スウェーデンのウメオ大学で教授を務めていたエリック・ストルターマン教授（現在はインディアナ大学情報学・コンピューティング学・工学系研究科情報学教授、上級副学部長）が提唱したものです。

日本でもデジタル技術の急激な進化に伴い、2016年頃からこの言葉が聞かれるようになり、2018年には経済産業省が民間企業に向けてDXへの理解を深め、対応を進めるべくガイドラインを示しています。

経済産業省が示しているDXの定義は次のとおりです。デジタルを利用してビジネスなどの効率化を図る「Digitalization」とは明確に区別されています。

> 「企業がビジネス環境の激しい変化に対応し、データとデジタル技術を活用して、顧客や社会のニーズを基に、製品やサービス、ビジネスモデルを変革するとともに、業務そのものや、組織、プロセス、企業文化・風土を変革し、競争上の優位性を確立すること」

「DX推進ガイドライン」経済産業省2018年5月

■DXの本当の意味を理解する

もう少しDXの定義を詳しく見ていきましょう。

「企業がビジネス環境の激しい変化に対応し」

こちらは経営者のみなさんなら日々痛いほど実感していることでしょう。技術革新の他にコロナ禍、労働人口の現象、円安、気候変動など現代は一年先を見通すことも難しい、激しい“変化の時代”です。

「データとデジタル技術を活用して」

さぁやってきました。頭痛の種のデジタル技術。拒絶反応が頭をもたげるかもしれませんが、もう少し我慢して後半部分に注目してみるとDXの印象がずいぶん変わってきます。

「顧客や社会のニーズを基に、製品やサービス、ビジネスモデルを変革する」

どうでしょう？　顧客や社会のニーズを読み取り、製品やサービスを開発し提供する。みなさんがこれまでやってきたことと大きな違いがあるでしょうか？

「業務そのものや、組織、プロセス、企業文化・風土を変革し、競争上の優位性を確立する」

業務の効率化や組織の強化、改革、製品の生産や開発、会社にかかわることすべてのプロセスに目を配り、「うちの会社ならでは」という強みをつくり、ライバル企業との競争に勝つべく企業努力を重ねる。

これはまさにみなさんがこれまでやってきた、経営者ならば誰でも当たり前にやっていること、やらなければいけないこと、また、できたからこそ経営を続けてこられたことでしょう。

つまり、DXとはデジタル技術を使って、時代の変化に対応すべくビジネスモデルを変えたり、働き方を変えたりすることであり、データやデジタル技術はあくまでもそれを実現するための手段でしかありません。

■目的はビジネスの発展、成長

おそらくみなさんが危惧しているのは、データやデジタル技術、最近話題のAIを使うことが目的化してしまって、自分たちの積み重ねてきた経験やビジネス手法、センスが無に帰してしまう、結果として企業の良さが失われてしまうことではないかと思うのです。

いや応なく進む社会の変化、新しい技術の登場により、企業にも大きな変化が求められているのは事実です。しかし、これまでの経営、ビジネスで培ってきたものがすべて変わってしまうわけではありません。DXは英語でDigital Transformation（デジタルトランスフォーメーション）つまり、データとデジタル技術を活用してさらなるビジネスの発展・成長を実現するための“変身”を遂げる試みといえます。

デジタル？　IT？
いいえ、経営戦略のお話です

■「ウチのような会社には関係ない」の誤解

デジタルかアナログかではなく、企業のため、従業員のため、社会のために役立つ、変化のための技術を積極的に採用し、現在の時代に合った企業に“変身”するために避けて通れないのがDX。そう考えれば、もう「ウチには関係ない」とはいえなくなるどころか、「うまく使ってやろう」という気持ちが芽生えてくるのではないでしょうか。

それでも「ウチの規模の会社には関係ない」「特別な業種の、もっと大きな企業がやること」とDXを無視している企業が多いのが現状です。

■生活に溶け込み「当たり前」になった“IT革命”

DXという言葉が広く使われるようになる以前にも、インターネットの普及、活用推進によって「IT（情報技術；Information Technology）」という言葉がもてはやされた時代がありました。

「IT革命」は2000年の新語・流行語大賞を受賞していますから、あ

の騒ぎを記憶している人も多いでしょう。このときも世間の“ITブーム”を冷ややかな目で見ていた人はいました。

たしかにブームに乗って不要な設備投資をしたり、インターネットに過剰な夢を見て失敗したりした例もありましたが、あの喧騒から20年以上がたった現在では、人々はスマホさえあれば電車やタクシーに乗り、買い物をし、おなかがすけば食事をして支払いを済ませることができる生活を当たり前に送っています。

「やっぱり現金派！　スマホ決済はちょっと……」という人も、それまではお店に足を運んで購入するのが当たり前だった商品をインターネットショッピングで買い、自宅に居ながらにして入手できる便利さを体験したことがあるはずです。

“IT革命”といわれても、当時は「具体的に何をすれば？」と戸惑い、「そんなにすぐには変わらないよ」と自分から積極的に何かを変えようとした人は多くはなかったかもしれません。

しかし、コンピューターやインターネットを使った情報技術の革命は、今となっては私たちの日常に深く浸透して、意識すらしない当たり前のものになっているのです。

「変わらなければ生き残れない！」第４次産業革命が始まっている

■新しい「産業革命」が起きている

18世紀のイギリスで始まった第１次産業革命は、人類が経験した最初の“機械化”といわれていて、織機や紡績機が開発され、人々の働き方を大きく変えました。また、蒸気機関の登場により、鉄道や蒸気船が開発され、世の中は大きく変わりました。

産業革命の歴史

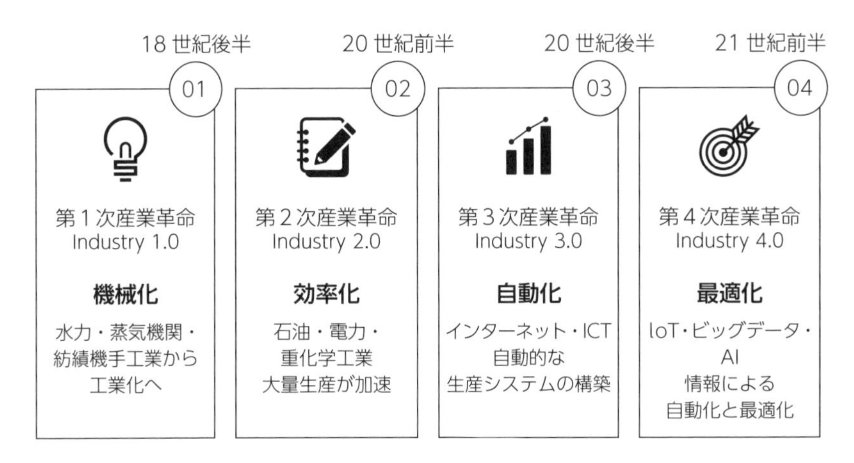

第２次産業革命では石炭に代わり電力、石油がエネルギーの主役になり、19世紀から20世紀初めにかけて重工業の機械化、産業の大量生産化が急速に進みました。

1970年代になると、コンピューターが登場。産業用ロボットが単純作業を自動化し、生産の効率化が図られました。これを第３次産業革命と呼びます。

そして現在は、IoTやビッグデータ、AIなどの技術革新によって、知的活動の自動化・個別生産化が加速する第4次産業革命のまっただ中にあります。

第4次産業革命では、「モノやカネ」から「ヒトやデータ」へと価値がシフトしていくといわれていて、これまでの3つの産業革命の中でも社会を大きく変えるインパクトを持つとされています。

デジタル技術やデータを活用した第4次産業革命の経済効果は大きく、その影響は一部の産業にとどまりません。製造業であっても小売業であっても、飲食業も農業もあらゆる産業が大きく影響を受け、正しく行使されれば大きな利益を生むとされているのです。

IoTやAIの活用による第4次産業革命が経済成長に与える効果を総務省が試算した『IoT時代におけるICT経済の諸課題に関する調査研究』によると、「IoT・AIの活用が進展することによる市場規模の押し上げ効果は2030年で132兆円」とされています。

図P－1　IoT、AIの活用による市場規模

（1）新しいICTサービスの需要創出効果

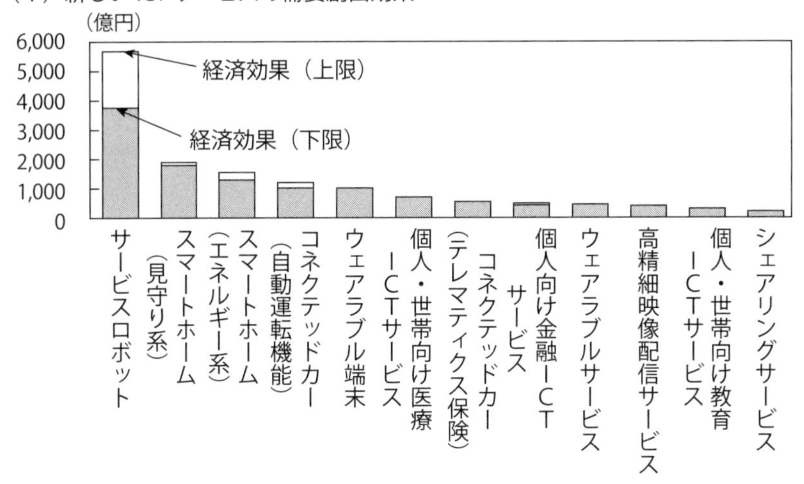

（2）IoTが付加する領域別経済価値（グローバルベース、2013～22年累計）

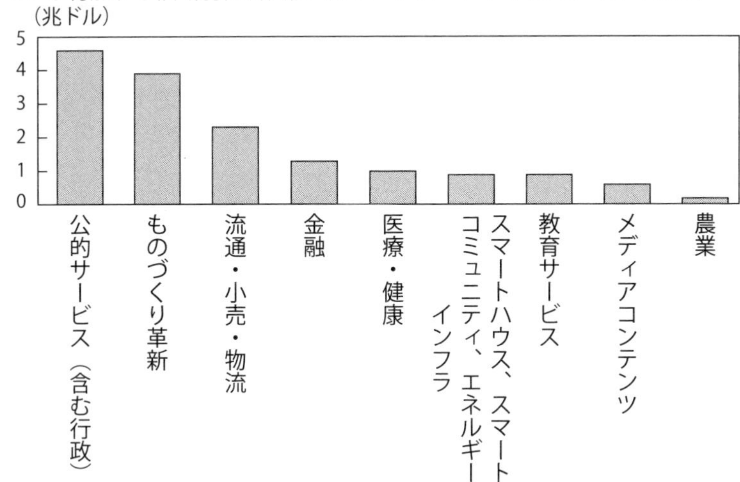

出典：内閣府『第4次産業革命のインパクト』

「何もしない」だけで最大で年間12兆円？ ー2025年の崖ー

■2025年にやってくる断崖絶壁？

2018年に経済産業省によって発表された『DX推進ガイドライン』には、DXを進めなかった場合、また遅れてしまった場合のリスクを「2025年の崖」と表現しています。

このまま何もしなかった場合、2025年には多くの企業が断崖絶壁に行き当たり、真っ逆さまに落ちてしまう……。

ずいぶん強い調子ですが、諸外国に比べても第4次産業革命への準備、DX推進が遅れているといわれている日本企業に向けて、国もかなりの危機感を持って警鐘を鳴らしています。

2025年の崖

①レガシーシステム化

②新しい技術に対応できない

③IT人材不足・システム維持管理費高騰

④サイバーセキュリティ等のリスクの高まり

⑤各種システムのサポート終了

⑥IT市場の急速な変化

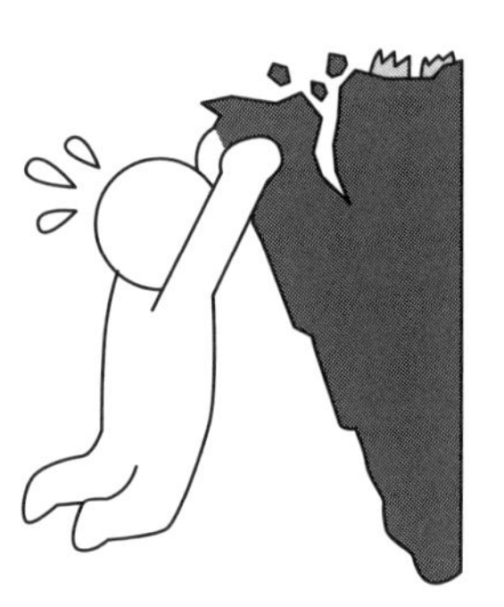

■今あるシステムがそのままリスクに

どんな企業でもすべてがオフライン、完全アナログですべてのやりとりを紙で管理しているということはないでしょう。何度か訪れているIT化の波に乗って、何らかのシステムを導入している企業がほとんどです。

「2025年の崖」ではこうした企業の既存システムが古くなって使用できなくなったり、属人化してブラックボックス化していること、セキュリティーリスクが高いなどの課題を抱えていることを問題視しています。

「ガラパゴス化」は日本の特徴でもありますが、企業ごと、事業部門ごとにカスタマイズされたシステムは、全社横断的なデータ活用に不向きで、この改修に人的、技術的リソースを割かなければいけないというリスクもあります。

図P－2　予測される「2025年の崖」の人材・技術・予算リスク

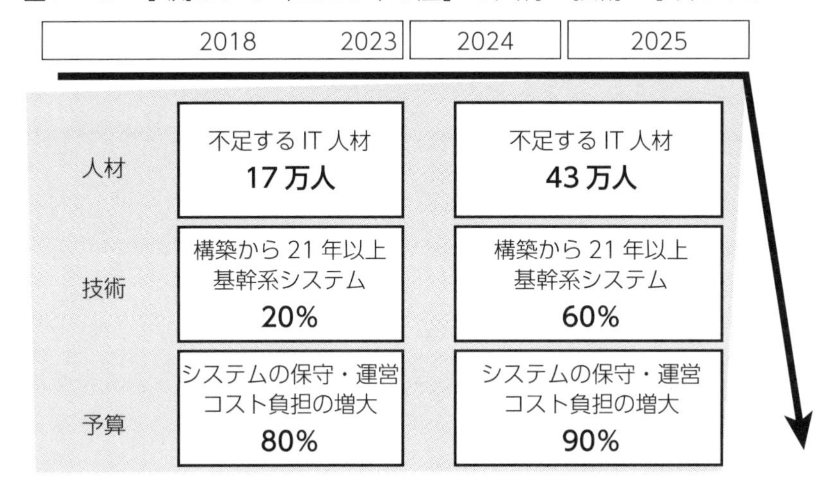

■最大で年間12兆円の損失！ あなたの会社に潜むリスク

経済産業省が試算した2025年の崖の具体的な経済損失額は、なんと年間最大12兆円！　DXに踏み切れない企業は、現状維持どころか、既存システムが足を引っ張ってデータ活用が進まず、デジタル競争の敗者になってしまう恐れがあります。

このように、経営面、人材面、技術面などあらゆる面でいま積極的にDX化を進めないことが将来的なリスクになります。DX推進は「何か新しいことを始める」わけではなく、みなさんがこれまで取り組んできたビジネスを効率化し、時代に合わせた適切な変化をサポートしてくれるものです。

2025年の先が断崖絶壁なのか？　それとも新しい地平が拓けているのか？　決めるのは経営者であるあなたなのです。

コロナ禍で加速した「乗り遅れてはいけない新時代の到来」

■思いがけず急速に進んだデジタル技術の活用

2019年、初の感染例が発見され、2020年3月11日には世界保健機関（WHO）が世界的大流行（パンデミック）を宣言したCOVID-19（新型コロナウイルス）は、世界中の人たちの生活に大きな打撃を与えました。感染力の強さから、外出禁止令が出される国も多くありました。外に出られない、物理的な接触ができない社会で急激に進んだのが、デジタル技術の活用です。

■「巣ごもり」でオンライン消費が増加

劇的に増えたのが、オンラインでの商品注文・購入などを完結させる「巣ごもり消費」でした。2020年3月以降、インターネットショッピングを利用する世帯の割合は急速に増加しました。

「わざわざネットで頼まなくても」と思っていたことも、いざやってみると思ったより簡単、便利で、それが当たり前になる。消費行動の変化は、コロナ禍以降も加速することが予想されます。非接触、非対面のサービス提供は、今後の企業に必須で求められるサービスとなりました。

図P－3　ネットショッピング利用世帯の割合

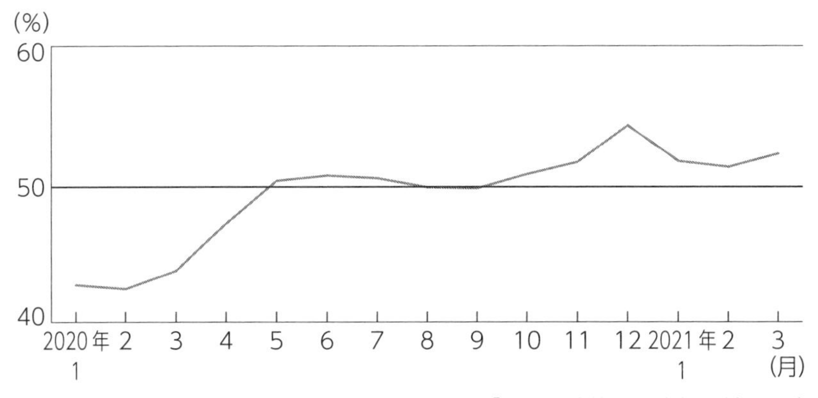

出典：総務省「家計消費状況調査」を基に作成

■期せずして進んだテレワーク

2019年以前に、会社勤めの方が自宅で仕事をするようになるといって信じる人はどれくらいいるでしょうか。

コロナ禍で意識面も含めてもっとも変わったものといえば、テレワークに対する考え方ではないでしょうか。コロナ禍以前にも政府は「ICT

を活用した時間や場所を有効に活用できる柔軟な働き方」としてオフィス以外の遠隔地で勤務するテレワークを推奨してきました。しかし、「現場にいなければできない」「オフィスでするのが仕事だ」というのが常識だった日本の企業では、導入を検討する企業も少数派でした。

「必要は発明の母」といいますが、緊急事態宣言が発令され、物理的に出社できなくなって初めて、日本企業のテレワーク導入が進みます。

東京商工リサーチの調査によると、2020年3月には17.6%だったテレワークの実施率は、緊急事態宣言発令後には56.4%に急上昇し、その後も定着傾向にあるようです。

図P－4　企業のテレワーク実施率

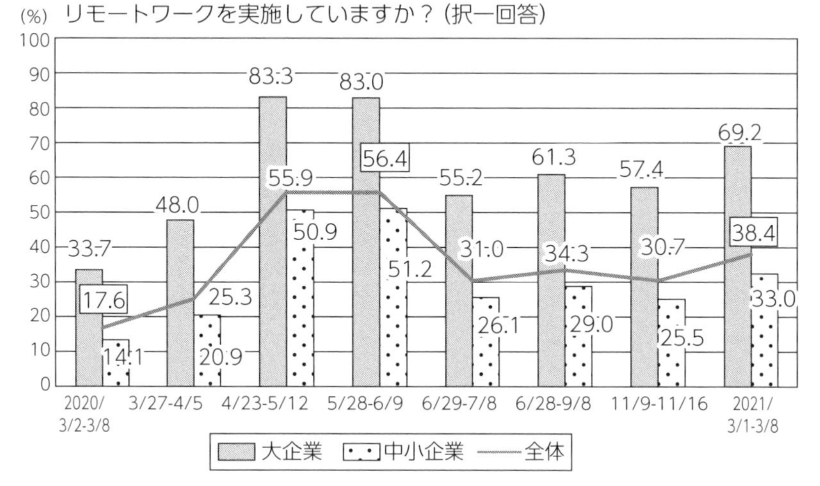

出典：総務省　東京商工リサーチ「新型コロナウイルスに関するアンケート」調査

9割の会社は「人の使い方」を間違えている

■DXが人の使い方を変える

コロナ禍という危機的状況に促される形で、デジタル活用が信じられないようなスピードで進んだ事実。それは、これまでDXが進まなかった理由は、「できないから」ではなく「やらなかった」からだという事実にもつながります。

そして、デジタル活用が必要に迫られているのは、コロナ禍による緊急事態だけではありません。

少子高齢化による労働者不足は特に深刻で、今後みなさんの会社を直撃する日本社会の大問題になることが予想されます。

DXの強みがもっとも生かされるのが、「人の使い方」に関する人事のデジタル化です。

■バックオフィスこそDXで省力化

経理や人事、総務など、商品開発や生産、営業、販売など直接顧客にかかわらない業務のことをバックオフィスといいます。

給与を計算したり、採用した人材の入社手続きをしたり、従業員の業務がスムーズにいくように環境を整え、企業が組織として円滑に機能するための仕組みづくりをしたりするとても重要な業務です。

ヒューマンエラーが許されず、経理や人事、時には法律などの知識が必要なバックオフィスは、とても負荷のかかる業務です。企業としても優秀な人材を配置する必要がありますが、バックオフィスのDXが進めば、バックオフィスに優秀な人材を割く必要がなくなります。

■バックオフィスはコンピューターやAIの得意分野

家族経営の中小企業でも、お金に関することは長年勤めている優秀な“番頭”的人材や身内に任せたいという話をよく聞きます。

しかし、声を大にしていいたいのは、「バックオフィスこそ、システムに任せてください！」ということです。

在職期間が長く、会社のことをよく知っている優秀な人材が、入力、計算、確認、数字のチェックに追われて毎日を過ごすのは本当にもったいないことです。

正確に計算したり、入力されたデータを決められたルールに従って適切に処理したりすることは、コンピューターやAIの得意分野です。

正確性、効率性がアップし、そこで疲弊していた優秀な人材を解放してあげられる。バックオフィスのDX推進は、人繰りに困っている中小企業こそ、まず始めてほしい施策です。

■少子高齢化で優秀な人材はどんどん減っていく

日本の出生数は、第2次ベビーブームの200万人をピークに減り続け、2021年には81万1,604人まで落ち込みました。

少子高齢化により、日本の労働者人口は減る一方で、サービス業などの特定の業種では、早くも人手不足の悲鳴が聞こえてきています。

働き方の変化により人材流動性も高まっています。働く人が減り、人材流動性が高まるとなれば、必然的に優秀な人材を確保するための競争も激化してきます。

それでも進まない DXへの第一歩を踏み出そう

■誤解されているDX

2018年に経済産業省が『DX 推進ガイドライン』を打ち出して以降、日本でも急速にDXという言葉が飛び交うようになりました。しかし、この本でもDXの説明に多くのページを割いているように、DXは多くの企業にかなり誤解されて伝わっているように感じます。

企業の規模にかかわらずさまざまな業種の経営者、管理職のみなさんと接する機会の多い私の感覚でも、多くの人は難しく考えすぎですし、第一段階であるデジタルツールの導入メリットを自分ごととしてとらえていないように思います。

■超短期から中長期までのDX加速シナリオ

日本企業のDXを推進すべく、補助金や優遇制度を設けている経済産業省も「このままではいけない」と思ったようで、『DX推進ガイドライン』から2年後の2020年には、『中間取りまとめ』として、DXの加速に向けた企業のアクションと政策というレポートを発表しました。

このレポートの中では、「DX推進指標の自己診断に取り組み、結果を提出した企業の中でも、95%の企業はDXにまったく取り組んでいないか、取り組み始めた段階であり、全社的な危機感の共有や意識改革のような段階に至っていない」となかなかDXが進まない現状を把握したうえで、「直ちに（超短期）」「短期」「中長期」と期間を分けて、その時々にやるべき具体的な行動を示しています。

レポートに記載されている図を簡略化したものを30〜31ページに掲載しています。DXについて「まずは知ること」から始まり、製品・サービスの活用、DX推進の状況把握、戦略策定、体制の整備と進み、デジタルを活用する企業への変革への段階的に進むロードマップが示されています。

■あなたの会社がバックオフィスでDXを推進するメリット

バックオフィスのDX推進は、企業規模にかかわらず効果を感じられる施策です。

2010年、日本最大の航空会社JALが会社更生法を申請した際に、事業再生の旗振り役として会長に就任した稲盛和夫元京セラ名誉会長が真っ先に手がけたのが、バックオフィスのDXだったといいますから、その効果は私が勝手にお勧めしているだけではないとわかっていただけるでしょう。

私たちのお客さまの例を見てみると、仮にバックオフィスにしかるべきシステムを導入しただけでも

①人事・労務管理の負担を軽減できる
②税理士、社労士に外注していたコストが削減できる
③社内人材の有効活用ができる
④余計な残業が減りブラック化を防げる

という4つの目に見える変化がすぐに起きます。これだけでもすぐに御社の業務、業績が大きく向上するのですが、一番大切なのはこの変化の先に5番目のメリットとして

⑤DXによって会社の発展、成長が望める

ことです。

■デジタル化ではなく経営の進化を

繰り返しになりますが、DXはこれまで手作業やアナログでやっていたことをデジタル化、IT化することではありません。

目的はデータやデジタル技術を活用して、業務や製品、サービス、ビジネスモデルを変革すること。どんなビジネスでも時代や環境の変化は必ずやってきます。その時流に乗って業績を伸ばすことは、みなさんが会社を興し、業績を積み重ね、守り育ててきたなかで当たり前にやってきたことです。

デジタルツールやシステム、テクノロジーは単なる手段。それを使って何をするのか？　みなさんのこれまでの経験や勘、経営ビジョンがここに生かされるのです。

図P－5　DX加速のための具体的なロードマップ

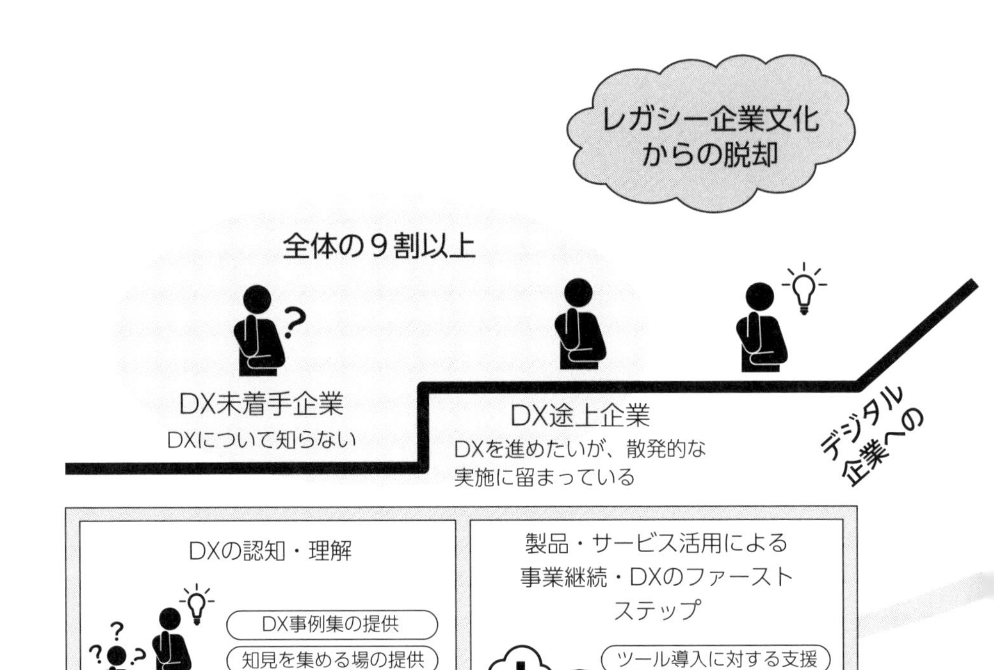

経済産業省『DXレポート２　中間取りまとめ』より

第 1 章

中小企業こそ今すぐDXに取り組むべき5つの理由

中小企業が日本を救う？

■日本を支える中小企業

「日本を支えているのは中小企業だ」という話をよく聞きます。ご存じの方も多いかもしれませんが、日本の企業の99％は、中小企業基本法が定義する中小企業になります。

中小企業庁が発表している中小企業白書の2021年版が公表しているデータ（調査は2016年）では、日本の企業全体に占める中小企業の割合は、なんと99.7％！

図1－1　全企業数に占める中小企業の割合

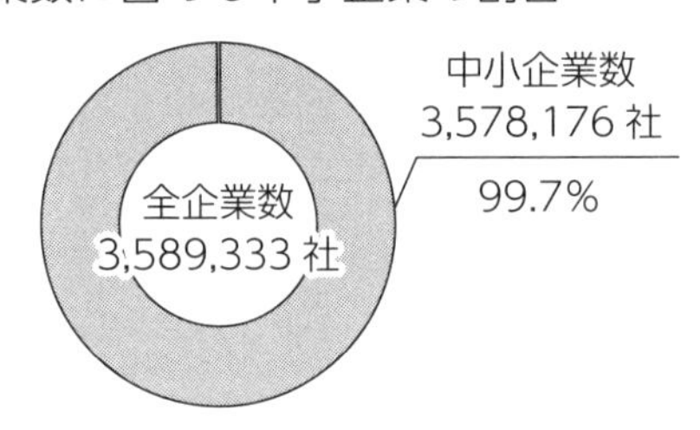

図1－2　中小企業で働く人の割合

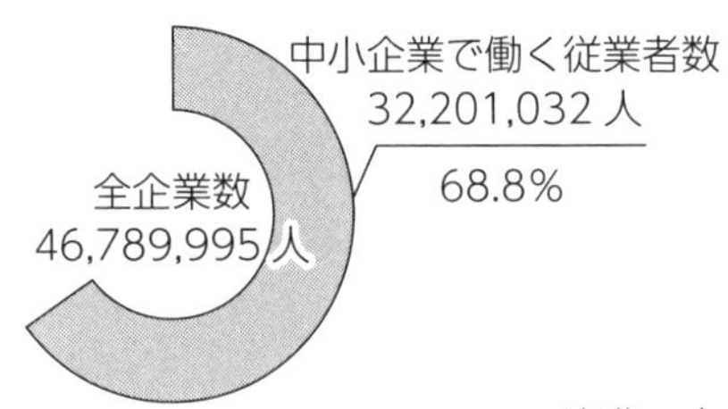

出典：中小企業白書2021年版

企業の数だけでなく、従業者数を見ても中小企業で働く人の数は約3,200万人と圧倒的です。日本の従業者の約7割は中小企業で働いていることになります。

■中小企業が変われば日本は変わる？

中小"企業"といっても、中には社長一人で起業した人もいれば、下町の八百屋、魚屋などの自営業者もたくさんいます。

数が大きく従業員が多くてもやっぱり大企業のほうが影響力があるのでは？　と考える人もいるでしょう。たしかに大企業がリーダーシップをとって先導していくことも重要です。

しかし、中小企業の中には、例えば町工場のように世界に誇れる技術を持った企業や、伝統を受け継ぐ地場産業、激変するビジネス環境にマッチした成長が見込める企業がたくさんあります。

企業が生産活動により産出した価値を数値で表す付加価値額を見ても、中小企業は全体の約53％を占めています。

雇用面でだけでなく経済面でも中小企業が日本を支えていることがよくわかります。この現状を見ても、中小企業が日本社会に大きな影響を与えるだけのポテンシャルがある、中小企業が変われば、日本社会が変わるという可能性が見えてくるのです。

図1－3　中小企業の占める付加価値額の割合

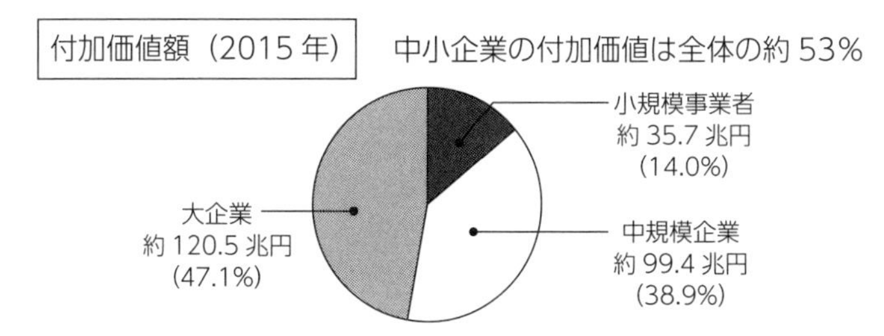

中小企業でDXに
取り組んでいるのは1割未満？

■中小企業のDXは「ほぼ進んでいない」

日本は世界的に見てもDXが立ち遅れていて、DX後進国とさえいわれています。実際政府、各省庁も『DX推進ガイドライン』を打ち出すなど、遅れを是正しようとしていることは、すでにご紹介したとおりです。

2022年5月のデータになりますが、独立行政法人中小企業基盤整備機構が実施した『中小企業のDX推進に関する調査』では、DXについて「理解している」と答えたのは、わずかに7.8%。「ある程度理解している」についても29.2%に留まっています（図1－4）。

■ガラパゴス化が進む日本

進化から取り残された、または独自の進化を遂げているという意味で使われるガラパゴス化ですが、日本のDX対応の遅れは世界的に見ても顕著です。

スイスの国際経営開発研究所（IMD）が発表している「世界デジタル競争力ランキング」の2022年版では、日本は過去最低の29位（対象63カ国中）。アメリカはもちろん、デンマークやスウェーデン、スイスなどのデジタル先進国のイメージのある北欧、国を挙げてデジタル化に取り組むシンガポール、8位の韓国、17位の中国にも大きく差をつけられています（図1－5）。

表1－1　IMDによる世界デジタル競争力ランキング2022

順位	国・地域	前年順位
1	デンマーク	(4)
2	米国	(1)
3	スウェーデン	(3)
4	シンガポール	(5)
5	スイス	(6)
6	オランダ	(7)
7	フィンランド	(11)
8	韓国	(12)
9	香港	(2)
10	カナダ	(13)
11	台湾	(8)
⋮		
17	中国	(15)
⋮		
29	**日本**	**(28)**

※（　）内は前年順位

図1－4　中小企業のDXに対する理解度

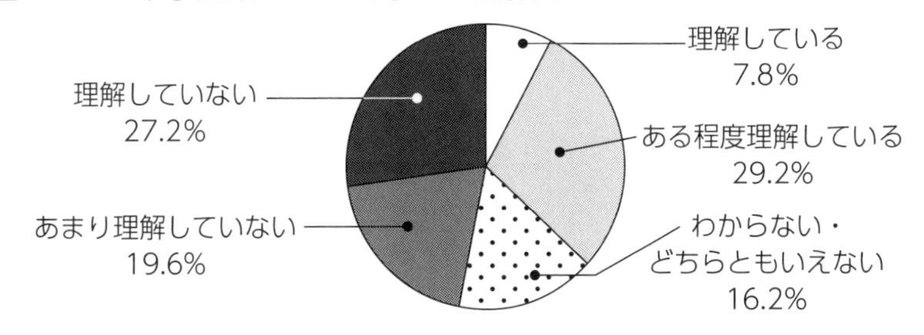

図1－5　デジタル競争力ランキング推移

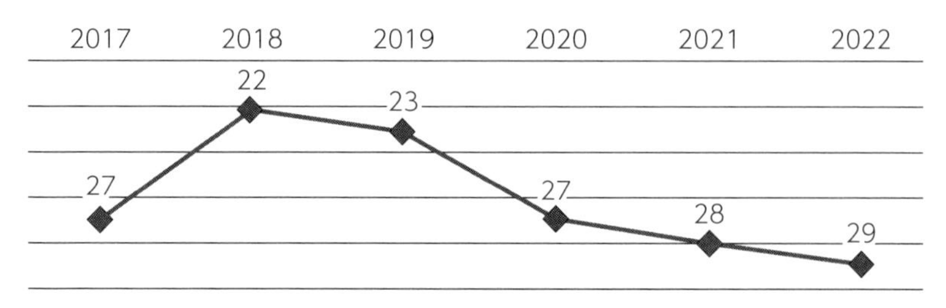

出典：『中小企業のDX推進に関する調査（2022年）』

■DXに取り組んでいる企業が少ない今がチャンス？

「世界と比べて」「日本が」「このままでは」と危機感を煽られても、小規模、家族経営の多い中小企業では「そこまで手が回らない」というのが率直な思いなのかもしれません。

実際の中小企業のDXへの取り組み状況を見てもこうした感覚が数字になって表れています。

DXへの理解度同様、DXに「既に取り組んでいる」と答えた中小企業はわずかに7.9%、「取り組みを検討している」と答えた企業も16.9%と、"DX後進国"のイメージどおりの結果が出ています。

DXのメリットをお客さまに説いて回っている私からすると、現状を「なんとかしないといけないな」と思うと同時に、「これってチャンスじゃない？」とも思うのです。

図1－6　中小企業のDX取り組み状況

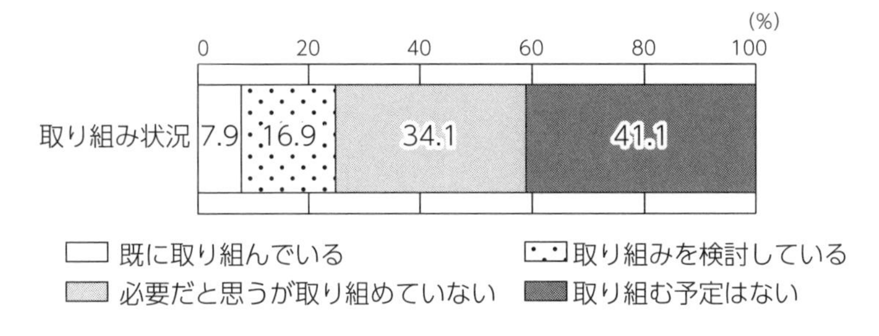

出典：『中小企業のDX推進に関する調査（2022年）』

中小企業こそ今すぐDXに取り組むべき理由❶ 早く始めたらそれだけチャンスがある！

■DXの「はじめの一歩」はどこに？

「とはいっても、じゃあDXって何から始めたらいいの？」と、戸惑う経営者も多いでしょう。

知り合いの中小企業の経営者や初めてお会いする経営者、お客さまに営業トークを抜きにして、アドバイスのつもりでお話しするのは、この「はじめの一歩」のお話です。

もちろん間違ったDX、業者の言いなりに出費だけがかさんだという被害？　もないわけではないので、この本をよく読んでポイントを押さえてほしいのですが、DXの目的さえ明確になれば、始めるのはみなさんの想像に反して驚くほど簡単です。

■始めない理由より始めるメリットを考えてみませんか？

「DXなんて必要ない」「このままで問題ない」とまったくDXに見向きもしない経営者の方には、家族経営で人件費を抑える方針の人が多いように思います。

たしかにそれでなんとかなってきた、なんとかしてきた経営者の手腕は素晴らしいと思いますが、これだけビジネス環境が変化し続けている現在、同じやり方を続けていては現状維持も難しいことは、じつは経営者ご自身が身をもって実感していることではないでしょうか？

『中小企業のDX推進に関する調査』では、DXに「取り組む予定はない」という企業がなんと41.1％もあります。これは本当に驚きの数字なのですが、企業経営者との会話を思い返してみると、「そうかもしれない」と思い当たることはたくさんあります。

■「できない理由」探しはやめましょう

DXに踏み切れない理由でよく聞くのは、「詳しい人がいない」というものです。経営者も社員も、DXがなんなのか、何から手をつければいいのかよくわからない。かといって、システムの構築や維持、保守をアウトソースするのも不安がある……。

一般的にDXを阻害する要因として挙げられているのは、次のようなものがあります。

●推進役となるIT人材の不足
●経営者の理解不足
●経営者、企業の危機感不足
●社員の理解不足、リテラシー不足
●投資への不安

さまざまな「できない理由」がありますが、「できない理由を探すよりできる方法を探そう」というのがビジネスの鉄則です。

多くの問題は、DXへの誤解から生じているので、ここまで読んでくださった方は、すでにいくつかの障壁は解消されているかもしれません。

経営者からよく聞く、IT人材の不足はたしかに日本企業の大問題といわれています。しかし私がお勧めしている段階を踏んだ本質的なDXでは、初めからすべてを把握している専門家、IT、デジタル技術のスペシャリストは必要ありません。

■IT、DXを「使う」ハードルは思っているよりずっと低い

DXを始めるというと、専門の人材を雇い入れて準備をする一大プロジェクトだと尻込みしている経営者もいるでしょう。しかし、一般企業がDXを進める場合には、スペシャリストとしてのIT人材はほとんど必要ありません。

この本でも弊社のお客さまとの取り組みを具体的に紹介していきますが、多くの企業にとってIT技術やツール、システムは「使えればいい」ものだからです。

■スマホが日本人のデジタルリテラシーを変えた

さすがにこの本を手に取っていただいている間はお手元にはないかもしれませんが、スマホをお持ちの方が大半でしょう。以前は、パソコンと聞いただけで、「間違って触ったら何か大変なことになるのでは？」と苦手意識を持つパソコン恐怖症のような社員さんもいました。

しかし、時代は変わり、老若男女を問わず一人一台スマートフォンを持ち、タブレットを操るのが当たり前のご時世になりました。

考えてみると、今いる社員、アルバイト、パートさんもプライベートでスマホやタブレットを日常的に使っています。ショッピングやゲームなどのアプリを使いこなす中で、ITに触れ、勝手に研修を重ねてくれているようなものなのです。

難しい操作なしに直感的に扱えるこうした電子機器の普及は、ITへのハードルを大きく下げてくれました。

弊社が提供しているクラウド人事労務システム『SURUPAs』も、業務コミュニケーションツールである『RealCheckK-1』も、タブレットやスマートフォンで簡単に操作が可能で、自分の業務に関係する「やりたいこと」をストレスなく実現できる画面構成になっています。

システムといわれると難しく感じる人もいるかもしれませんが、若い人はもちろん、50〜60代の人でも日常的にスマホを使いこなしているわけですから、経営者が考えるよりずっと早くシステムに適応し、使いこなしてくれるようになるのです。

> すでにご説明したように、DXはデジタル化することよりも、むしろデジタル化した先にある効率化、人材の成長、事業の発展、成長に具体的な意味があります。
>
> どのようにデジタルシフトを進めるかは別として、すぐにできる効率化、デジタル化はすぐにでも始めるべき。
>
> 「DXに取り組んでいる」と答えている企業でも、具体的な取り組みを聞いてみると、47.2%が「ホームページの作成」「PDFをコピーしてドライブに保管」の認識で留まっている現状を考えると、1分1秒でも早く本当のDXのはじめの一歩を踏み出してほしい。それがライバルに差をつけ、発展、成長するチャンスにつながるのです。

中小企業こそ今すぐDXに取り組むべき理由❷
煩雑な人事・労務・総務・経理を効率化

■「経理担当は身内に」の非効率

Prologueでは、DXを理解してもらうために多少込み入った話もしましたが、「はじめの一歩」をシンプルに言い表すなら「機械やプログラム、システムにできることは任せましょう」ということです。

中小企業に多いのが、夫が社長、妻が経理として、お金の管理からアルバイトの採用といった人事・労務、総務などのさまざまな雑務までを担当しているケースです。

もし、「妻が経理を担当している」という経営者がいたら、そこから見直してみることをお勧めします。

経理を担うあなたのご家族は、ほとんどの場合経理のプロではありません。家族だから、信頼できるから、他人に業績、経営状態の詳細を知られたくないから、または節税にもなるから……。そんな理由でやっているだけにすぎません。しかし、ここにDXの第一歩としてシステムを導入したらどうでしょう？

■システム化でヒューマンエラーを防ぐ

システム化するとまず、ヒューマンエラーがなくなります。自社で給与計算を行っている中小企業では、見逃されているものも含めて計算間違いが頻発しているという話をよく聞きます。

労働基準法や雇用保険法、健康保険法、厚生年金、所得税法と複数

の法律にかかわる給与計算は、かなり専門的な知識を要するものです。しかも、給与は労働契約の根幹をなすもので、そこに間違いがあれば企業のコンプライアンスにもかかわります。なかなか社員が増えない、成長できない一つの要因でもあります。

後に詳しくお話しますが、システム化の大きなメリットは、時間と経費の節約と、正確性の担保です。勤怠管理や給与計算、いつも難しい顔をして数字とにらめっこしていたご家族を煩雑な事務作業から解放し、ヒューマンエラーを防止する。

目に見えるDX推進するための第一歩の効果としてはもっとも即効性があります。

■「この人じゃないとわからない！」をなくしましょう

いわゆる“番頭さん”のメリット・デメリットはすでにお話ししましたが、同じように“奥様経理”も、「この人じゃないとわからない」という属人性の高い仕事になってしまい、ブラックボックス化が進んでしまいます。

DXが進むと、担当者ではなく作業を行う当人がシステムを操作するという業務フローになります。管理者がチェック、確認を行う必要はありますが、クラウドなどを利用することで、これまで一人の人間に集中していた業務が従業員全員参加の分散型で行えるようになります。

システムを導入したお客さまからは、業務の分担が行えるようになったことで、ヒューマンエラーが減ったという声も聞かれます。

図1－7　中央集中型から分散型へ

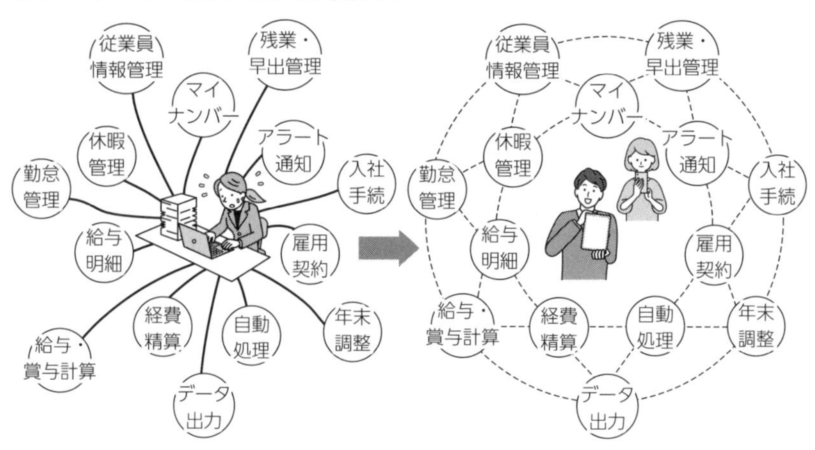

■部署が必要なほど煩雑な人事・労務・総務・経理

人事・労務・総務・経理などのバックオフィスは、企業の生産活動、営業などには直接関与しませんが、会社がスムーズに機能するので、従業員が安心して働くために必要不可欠な業務です。

大企業ならば管理部門として人事部や労務部、総務部、経理部などの部署が個別に設けられるのが当たり前です。

規模や従業員数の違いはあっても、中小企業だからといって、一人の担当者がすべてを完璧にこなすのはそもそも無理があること、DX推進によって中小企業でも大企業でもさまざまな効果があることはすでにご紹介したとおりです。

■見えないコストを意識する

無視できないのは、バックオフィスにかかわる「見えないコスト」の問題です。大企業では、バックオフィスに部署を設け、しかるべき人材を配置することで業務を円滑に進めています。つまり、バックオフィスに人件費という金銭的コストをかけて解決しているわけです。

一方中小企業では、一人の担当者、多くの場合はご家族にバックオフィスを任せています。これは一見効率的なように思えますが、コストは金銭的なものだけではなく、時間的コスト、労力的コストも存在します。つまり、中小企業にとってバックオフィスは時間と労力という「見えないコスト」となって担当者に降りかかっているのです。

通常であれば人員を減らせば生産性が下がりますが、DXを推進することで、それまで人力だったものがデジタルに置き換わり、金銭的コスト、時間的コスト、労力的コストのすべてを削減することも可能になるのです。

DXを推進してバックオフィスを一元管理すると、80%ものコスト削減につながります。これは、当社が提供しているクラウド人事労務システム『SURUPAs』の全７機能を導入した従業員50名未満の企業の平均スコアです。

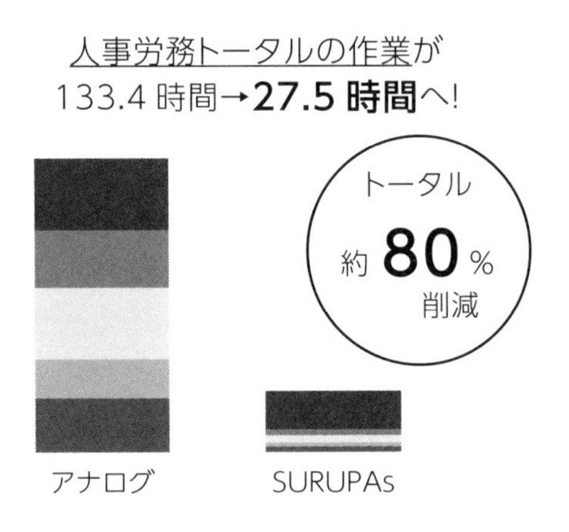

中小企業こそ今すぐDXに取り組むべき理由❸
人材の有効活用ができる

■減り続ける日本の労働人口

限られた人員で結果を出さなければいけない中小企業こそ目を向けてほしいのが、人的リソースの有効活用です。

お金のことは身内に任せたいという気持ちはわかりますが、私からすれば、例えば奥さんを「身内だから」という理由だけで経理担当にしているのはものすごくもったいないことだと思うのです。

日本では少子高齢化が進み、15歳以上の就業者と就業意欲のある失業者を合わせた労働人口の減少が顕著です（図1－8・図1－9）。

■“作業”はデジタル化して人を生かす

この本を手に取ってくださった経営者には釈迦に説法だと思いますが、従業員はただ頭数を揃えればいいというわけではありません。できれば優秀な人材がほしいと思うのが当たり前ですし、入社後の教育も重要です。

そもそも働き手が減っている日本では、優秀な人材を奪い合う競争がすでに始まっています。

「優秀な人材を確保することと、DXにどんな関係が？」という声が聞こえてきそうですが、DX推進によってプログラムやシステムでもこなせる“作業”が人の手を離れることには、人事面でも大きな影響があります。

図１－８　日本の人口推移（推計）

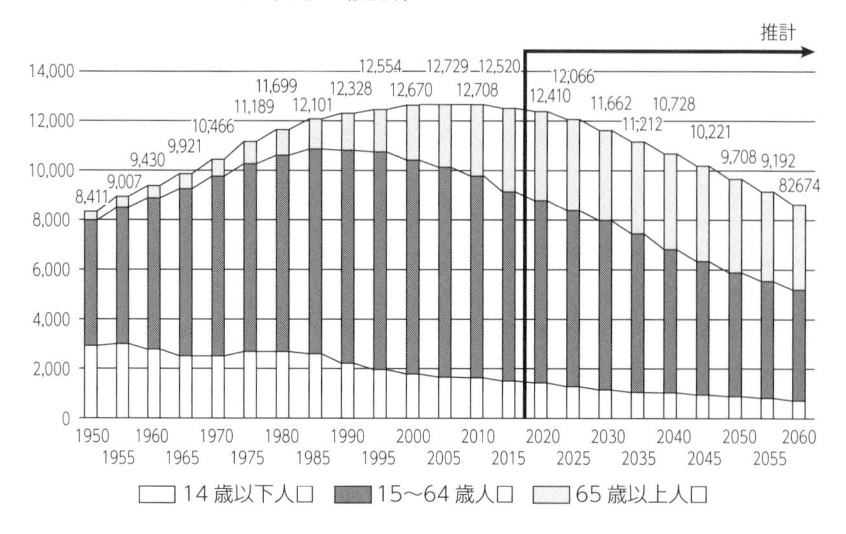

出典：総務省統計局　人口推計

図１－９　労働力人口と労働力率（推計）

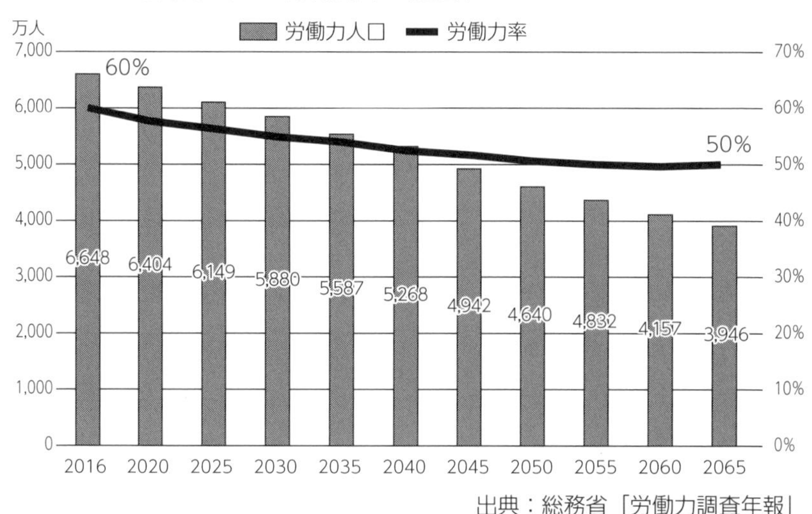

出典：総務省「労働力調査年報」

■人材を“人財”として有効活用する

DXによって金銭的、時間的、労力的なコストが削減された結果、それまで誰かが必ずやらなければいけないけれど、企業の業績にはダイレクトに結びつきにくい“作業”に忙殺されていた人材の手が空くことになります。

人事や経理、総務などには、優秀な人材が充てられることが多く、私からすれば「もったいない！」と思うような人が、事務作業に追われている姿を何度も目にしてきました。

特にもったいないと感じるのが、「ご家族の無駄遣い」です。

経理を妻に任せる“奥様経理”の問題点はすでにお話ししましたが、私は家族、身内こそもっと会社の根幹にかかわるような仕事、売上に直結するような重要なポストを任せるべきだと思っています。

■家族こそ“人財”になり得る

私の姪は、中国で数学を学び、南京航天航空大学という理系では中国有数の名門大学を卒業後、「日本で働きたい」と私のもとにやってきました。

彼女は、システムエンジニアとしても働けるくらいの専門知識を持っていたのですが、私は営業として姪を雇うことにしました。

12年前に来日した当時の彼女は、日本語はほとんど話せませんでした。それでも私は、この姪こそ私たちの会社がこれからもっと飛躍していくために必要不可欠な“人財”になると確信し、営業を任せることにしました。

■なぜ経験もない日本語も話せない姪を抜擢したのか？

私はそれまでの10年間、大手IT企業で実績を残した営業マンを数多く雇ってきました。しかし、なかなか結果が出ないばかりか、数カ月でやめてしまうということが続いていました。今にして思えば、彼、彼女たちは、大手企業の看板で営業をして実績を残していただけで、私たちのサービスや製品の良さを伝える能力はなかったのだということがわかります。そのときはそれに気づくことができず、高い授業料を払ってしまいました……。

営業とはつまりマーケティングです。マーケティングは、その企業のことをよく知り、サービスや製品を熟知して初めていい仕事ができます。

腰掛けや掛け持ち、給与や条件で採用された人材よりも、家族、身内は本気度が違います。もちろん一般社員もこれくらいの熱量を持って働いてもらえる会社にするのが目標ですが、姪は、11年経った現在、5人のメンバーを従えて抜群の営業成績を誇るマーケティングの達人になりました。

> 向き不向きはあると思いますが、お金のこと、業績のことを知られたくないから経理を身内に任せる、総務をやってもらうという考えで雑務を押しつけるのは間違いです。
>
> DX推進こそ、人材を成長させ、企業を発展させる人財にするチャンスなのです。

中小企業こそ今すぐDXに取り組むべき理由❹
残業、有休未消化……ブラック化を防ぐ救世主

■システムで間違いを未然に防ぐ

DX推進には、ヒューマンエラーや激務による会社のブラック企業化を起きにくくする効果もあります。ヒューマンエラーについてはすでにお話しましたが、法改正やルールの変更、一律に何かを変えたときの負担が少なくて済むことも大きなメリットです。

特に給与、お金にかかわることは、労使問題になる可能性もあり、「個人が気をつける」「複数人でチェックする」というレベルのものではありません。

■法改正を知らずに残業代を算出していたら……

2023年4月1日から、中小企業でも月60時間を超える時間外労働の割増賃金率が50%以上に引き上げられました。大企業では、2010年からすでに施行されていましたが、中小企業では現実的な負担を考慮して、割増25%のまま猶予措置がとられていました。

13年間も猶予措置がとられていたのも不思議ですが、長時間の時間外労働を抑制する目的でいよいよ中小企業にも月60時間以上の時間外労働について、割増率50%以上の割増賃金を支払う義務が課せられることになったわけです。

図1－10　働き方改革関連法改正のポイント

(2023年3月31日まで)

月60時間超の残業割増賃金率
大企業は50%（2010年4月から適用）
中小企業は25%

(2023年4月1日から)

月60時間超の残業割増賃金率
大企業、中小企業ともに50%
※中小企業の割増賃金率を引き上げ

	1か月の時間外労働（1日8時間・1週40時間を超える労働時間）	
	60時間以下	60時間超
大企業	25%	50%
中小企業	25%	25%

	1か月の時間外労働（1日8時間・1週40時間を超える労働時間）	
	60時間以下	60時間超
大企業	25%	50%
中小企業	25%	**50%**

■意図せぬ“ブラック化”が起きる？

具体的な例を少し見てみると、

時給1,500円の従業員が80時間の時間外労働を行った場合

112,500円（25%割増の60時間）＋45,000円（60時間を超過した20時間分50%割増）＝157,500円（割増賃金のみ）

となります。

休日・深夜労働の割増賃金も変動するため、残業代の計算は確実に複雑になりました。

驚いたのは、ある企業の経理担当者がこの変更を知らなかったことです。この企業にしかるべきシステムが導入されていれば、給与計算ソフトのルールが自動的にアップデートされるはずですから、問題はありません。もしルール外の計算式が適応されていたらアラートが出るでしょう。

しかし、自分で購入した会計ソフトや表計算ソフトで計算していた

らどうでしょう？　法改正に気が付かず、払うべき残業代を払わないという重大なエラーにつながります。

あってはいけないことですが、こうしたミスは起きる可能性がありますし、実際に起きています。意図があるなし、悪意があるなしにかかわらず、「ブラック企業」と呼ばれても仕方ない対応をしていることになるのです。

■休めない日本人

有給休暇は労働者に与えられた大切な権利です。にもかかわらず、日本では有給休暇を取ることに抵抗を感じる人が多いという状況がずっと続いています。

半年以上継続して雇用されていて、全労働日の8割以上出勤している人は誰でも、年間10日間の有給休暇を取ることができます。でも、日本の有給休暇取得率は、令和に入って急上昇したとはいえ2022年の実績で58.3%に留まっているのです（図1－11）。

これは世界的に見てもやはり低く、アメリカのオンライン旅行通販会社エクスペディアの調査によると、16の調査国・地域中ワースト2位。最下位が先進国の中で唯一、法定有給休暇が設定されてないアメリカなのは意外かもしれませんが、日本はこの調査の最下位の常連なのはいうまでもありません（図1－12）。

この「有給休暇がとりづらい問題」にも、DXによるシステム化は有効です。

図１－11　日本の有給休暇取得率の推移

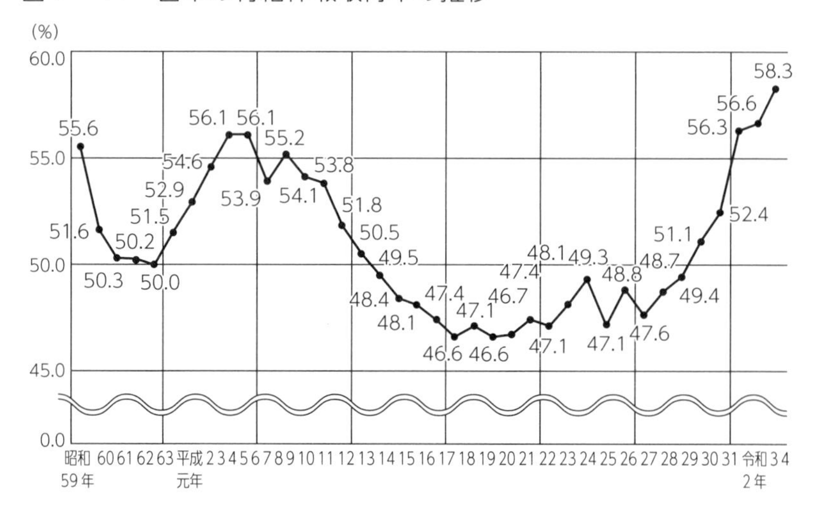

注：1）「取得率」は、（取得日数計 / 付与日数計）×100（%）である。

2）年次については、平成 13 年以降は調査年（1月1日時点）の前年1年間の状況を表すものであり、平成 11 年以前は調査年（12 月 31 日時点）1年間の状況を「賃金労働時間制度等総合調査」として取りまとめたものである。

3）平成 19 年以前は、調査対象を「本社の常用労働者が 30 人以上の会社組織の民営企業」としており、平成 20 年から「常用労働者が 30 人以上の会社組織の民営企業」に範囲を拡大した。

4）平成 26 年以前は、調査対象を「常用労働者が 30 人以上の会社組織の民営企業」としており、また、「複合サービス事業」を含まなかったが、平成 27 年より「常用労働者が 30 人以上の民営法人」とし、さらに「複合サービス事業」を含めることとした。

出典：厚生労働省「令和４年就労条件総合調査の概況」

図1－12　2022年の世界16地域の有給休暇取得状況比較

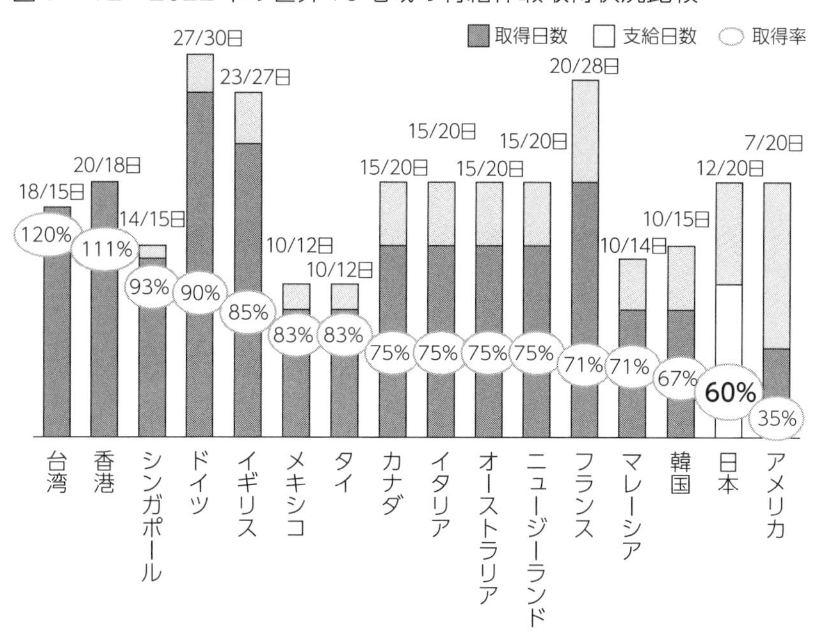

出典：Expedia「有給休暇の国際比較調査」

■申請を自動化して気まずさを緩和

日本の有給休暇取得率の低さの要因に、「他の人が働いているのに自分が休むのは申し訳ない」「自分のせいで仕事が止まってしまう」といった遠慮が挙げられます。いかにも日本人らしいと思うのですが、本来は誰にも気兼ねなく堂々と取得すべき権利です。

DXが推進された企業では、こうした「気遣いからくるブラック化」も防げる可能性があります。

社員データベースにある雇用契約に基づいて有給休暇取得の権利があるかどうかも自動的に判定されますし、権利がある人、取得可能な休暇がある人にだけ申請ボタンを出すなどの機能も付加できます。

申請はオンライン上で極めて機械的、事務的に行われるので、誰にも会うことなく、休むことへの嫌味をいわれることもなく、当然のように有給休暇を取ることができるのです。

> システム導入による自動化は、手続きの簡略化や正確性の担保の他にも、日本特有の有休への心理的障壁、労働基準法に違反するようなブラック化を防ぐ効果もあります。
>
> もちろん、運用する経営者次第ではありますが、あらかじめ決められたルール、仕様に沿ってシステマティックに運用される点も雇用者、被雇用者双方のメリットになるでしょう。

中小企業こそ今すぐDXに取り組むべき理由❺
社員の自主性、主体的取り組みが増える

■機械に任せると退化する？　の誤解

DXやシステム導入へのよくある誤解に、自動化して便利になることで社員が自分で考えなくなるのでは？　というものがあります。「そんなものに頼らなくても社員が自分でやる」「今できているんだから無理に変える必要はない」と面と向かっていわれたことは一度や二度ではありません。

IT化、デジタルシフト、DXと無機質な言葉を並べられると、それに抗いたくなる気持ちもわからなくもないのですが、DXによって社員が自主性を失い、自分で考えなくなるというのは、まったくの誤解です。

ここまで説明してきたように、DXは専門知識や経験を持つ特定の担当者に集中している業務を、システムやプログラムでサポートすることで、誰もが簡単にできるようにすることでもあります。

つまり、DXが進み、システム化されたオフィスでは、社員一人ひとりが自分の責任でさまざまな手続きを自分で行うことになり、むしろそこには自主的、主体的行動が求められるのです。

■入社の手続きは誰の仕事？

一例を挙げましょう。

最終面接を終え、狭き門をくぐり抜け晴れて入社が決まった新入社

員の最初の仕事はなんでしょう？

企業によってさまざまだと思いますが、本来は入社に関する各種の手続きを行うことが企業に属する社員としての最初の仕事になるでしょう。

多くの企業では、人事部の担当者がたくさんの書類に記入するように促し、新入社員はいわれるがまま。気の利いた人事担当なら、鉛筆で「ここに名前を」「住所を」「印鑑を」と、何の書類にサインをしているのかを感じさせないほど至れり尽くせりで正式契約を済ませてくれます。

■自分で手続きをすることで芽生える自主性

たしかに、人は介在しているかもしれませんが、こうした入社手続きは、受け身以外の何ものでもありません。

一方、入社手続きがシステム化されていれば人事担当者からのレクチャーは必要だとしても、新入社員自らが必要事項をパソコンやタブレット、スマホなどを使って入力することが可能になります。

入力する際には、必要であれば契約書そのもの、契約に関する注意事項も参照できます。記入に不備があれば担当者から問い合わせがありますし、単純な記入漏れや書式不一致ならその場でアラートが出ます。

入社手続きは一例ですが、例えば契約に変更があったとき、自分の勤務状況を見たいと思ったときなど、人事労務に関するポータルにアクセスすれば、いつでも内容を確認することができます。

社員が自分で手続きを行い、自主的に確認する手段があることで、仕事に対する意識が変わることは、すでに導入先企業で起きているポジティブな変化です。

■多様な効果を生むシステム導入

煩雑な手続きを簡略化でき、バックオフィスを省力化したうえで、社員の自主性まで引き出せる。

DXの入り口として、人事労務システムの導入を行うことは、御社に大きなメリットをもたらします。もちろんシステム導入は費用がかかり、ランニングコストも想定しなければいけませんが、ここまで説明してきた金銭的、時間的、労力的なコスト削減を考慮すれば、どう考えても導入にかかるコストのほうが安上がりでしょう。

■主体的な取り組みが組織と人を変える

図表1－13は、弊社のクラウド人事労務システム『SURUPAs』がカバーしている人事労務領域の業務の一部です。このほかにも、企業が持続的に成長していくための人と組織の能力を最大限に引き出すHRX（Human Resources Transformation）構築のニーズに合わせて人事評価、要因分析などの機能も加わっています。

たとえ書類以上のことでも、DXによって、社員自らできることが増え、主体的な取り組みが増えることは、本来の業務でも必ず生かされるはずです。

図1－13　『SURUPAs』がカバーする人事労務7領域の業務

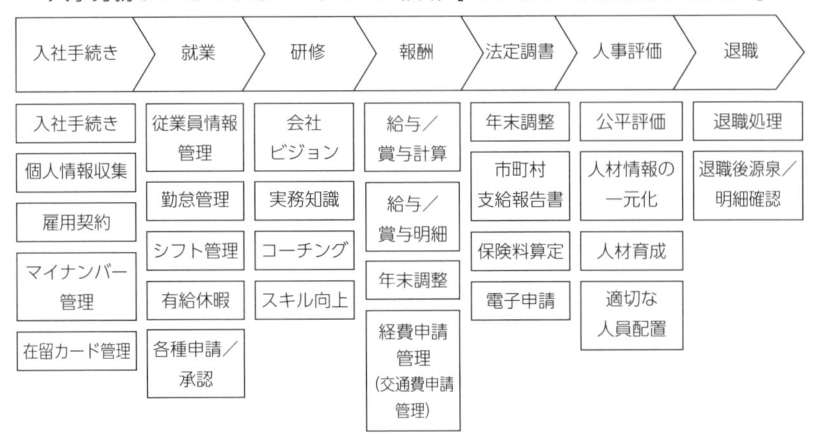

最近では、『SURUPAs』を活用して、社員自らが自分のスキルに合わせて、空いている時間や空いている場所で研修を受講したりするなど、スキル向上の目的で利用している企業も増えてきています。その中には、動画を活かした研修もありました。

もっと進化した研修では、AI人事担当者、あるいは経営者そのものをAI化して、会社のミッション、ビジョン、目標などをクラウド上でアップしておいて、社員がいつでも気軽にそれらに接し、自主成長できる環境が整っています。また、管理者においてはコーチングの受講がいつでも可能となるなど、特別な時間や場所を設定しなくても、自分のスキルを向上させていくこともできます。

こうしたスキル向上に関するDXを推進していくと、個人の成長に資するばかりでなく、組織の成長や会社の持続的成長を期待することができるのです。

産労総合研究所が発表している『教育研修費用の実態調査』の2022年度版によると、企業が社員の教育研修にかける費用の実績額は、平均で5,221万円に上るとのことです。社員一人当たり教育研修費は2万9,904円で、ともに前回調査より増加傾向にあるそうです。

社員教育に特に力を入れて突出した予算を用意している大企業もありますが、大企業と中小企業の差がほとんどないのがこの教育研修費です。研修や実習、カリキュラムの構築も重要ですが、日常の業務を通じて社員教育を行えたら、こんなに素晴らしいことはありません。あまり多くのことにリソースを割けない中小企業だからこそ、自走式で社員の自主性を醸成していく。その手がかりがDXにあるのです。

第 2 章

残業代ゼロで24時間
365日働いてくれるAI社員

AIと人間、どちらが優秀？

■休憩休暇なし、残業代なしで働くスーパー社員

ちょうど働き方改革が話題になった頃です。さまざまな資格やスキルを持ち、与えられた仕事を完璧にこなす"スーパー派遣社員"がテレビドラマで話題になったことがありました。ドラマの主人公は完璧に仕事をこなす代わりに、残業NG、必ず定時で帰ることをポリシーとしていました。

終身雇用神話が崩壊し、働き方が多様化する中では、こうした社員の活用方法も必要ですが、もし、与えられた仕事を淡々とミスなくスピーディにこなし、休暇どころか休憩も必要とせず、残業代も発生しない社員がいたらどうでしょう？

もちろんブラック企業のような不当労働の話ではありません。最新のテクノロジーを活用したソフトウエアやツールを活用すれば、さまざまなビジネスシーンで活躍するスーパー社員を雇ったのと同じだけの価値があるのです。

■人間より優秀？　なAI社員

会計ソフトや勤怠管理ソフトなどを使っている企業は多いでしょう。これまでもこうしたソフトウエアが各担当部署、担当者の業務を"サポート"することはありましたが、AI（人工知能）の登場と進化によって、担当者をまるごと置き換えることも可能になってきています。

ロボットによる自動化（RPAといいます）とAI活用との違いや、今話題のChatGPTについては追って説明していきますが、ここでは

DXによって社員の代わりに業務をこなす存在をわかりやすく「AI社員」として話を進めます。

AI社員の得意なことを書き出してみましょう。

【AI社員の得意、強み、導入メリット】
①大量の仕事を素早くこなすことができる
②作業精度が高く、エラー、ミスがほとんどない
③24時間フルに働いても休憩や休暇、有給休暇すら必要ない
④残業代や採用、教育のコストが必要ない
⑤部署、業務変更や作業環境の変化にも即座に対応できる
⑥メンタルヘルス管理を必要としない

どうでしょう？

これが本当なら今すぐにでも導入したいという経営者は多いのではないでしょうか？

最近、ChatGPTが話題になっていますが、ChatGPTは私よりもすぐれていることは間違いありません。

私は、私の考えや想いを日本語で説明しようとして、たどたどしい日本語を駆使しますが、なかなかうまく表現できないし、正確に伝えられません。でも、ChatGPTを使い、私が希望することやキーワードを伝えると、ChatGPTはほぼ完璧にそれらを正しい日本語で表現してくれるのです。

「人事労務とは何ですか？」と問えば、すばらしくきちんと説明してくれます。

労働人口の49%がAIに置き換わる未来はもう来ています！

■8年前の“予言”はもっと進んでいるはず

日本の労働人口の49%の仕事は、10〜20年後にAI、ロボットに置き換わる。2015年に発表された野村総研とオックスフォード大学の共同研究は、大きな話題を呼びました。人間がロボットに支配されるSFの世界の話と無視した人もいたかもしれません。

しかし、発表から8年たった現在、すでに多くの職業がAIやロボットに置き換わっています。誤解してほしくないのは、AIやロボットが人間の仕事を奪っているのではなく、AIやロボットが得意なことを任せ、人間は人間にしかできないこと、本来やるべきことに集中できるという話なのです。

■AIやロボットによって消えてしまう可能性のある職業

研究発表で挙げられた、AIやロボットによって消えてしまう可能性のある職業は、一般事務や銀行員、警備員、スーパーやコンビニの店員などの接客業などがありました。

最近では、コンビニやスーパーでもキャッシュレス化が進み、お客さんが自ら支払いを行うセルフレジの導入も進んでいます。

飲食業ではコロナ禍に非接触によって、ロボットの導入が進み、ファミリーレストランでは、配膳ロボットが注文を届けてくれる光景を目にするようになり、AIやロボットによる仕事の置き換わりは、私たちの身近でもすでに始まっているのです。

■適材適所

DX導入のメリットでも、「家族、身内を経理から解放して、マーケティング職を担わせましょう！」というお話をしました。置き換えられる単純作業をAIやロボットに任せ、人間は人間にしかできないこと、人間がやったほうがいいことに集中するのはとても理に適っていると思いませんか？

AIやロボットというと、人間の手を離れて勝手に事が進んでいく不安を持つ人がいるかもしれませんが、システム化、自動化されたものでも、確認、承認、決済は人間の仕事です。あくまでもうまく活用することで、自分の思ったことを効率よく実現するためにAIやロボットはあるのです。

表2－1　AIやロボットに置き換わる可能性が高い・低い職業ランキング

職業名	自動化が可能になる確率（%）	職業名	自動化が可能になる確率（%）
電車運転士	99.8	精神科医	0.1
経理事務員	99.8	国際協力専門家	0.1
検針員	99.7	作業療法士	0.1
一般事務員	99.7	言語聴覚士	0.1
包装作業員	99.7	産業カウンセラー	0.2
路線バス運転者	99.7	外科医	0.2
積降作業員	99.7	はり師・きゅう師	0.2
こん包工	99.7	盲ろう・養護学校教員	0.2
レジ係	99.7	メイクアップアーティスト	0.2
製本作業員	99.7	小児科医	0.2

出典：野村総合研究所「日本におけるコンピューター化と仕事の未来」

今さら聞けない「AIってなんですか？」

■スマホが答えてくれるのはなぜか？

AI搭載、AIを活用して……などを売り文句にした商品やサービスが増えていますが、「AI＝人工知能」だということは知っていても、AIがどんなもので、実際にどんなふうに使われているかを理解している人は少ないでしょう。

身近な例では、スマホやスマートスピーカーのAlexa（アレクサ）やGoogle Home（グーグルホーム）、Siri（シリ）など、呼びかけることでお願いしたことを実行してくれるAIがあります。

機械との会話は、自然言語処理（NLP）によってこちらの質問や指示を理解し、自然言語生成（NLG）によって人間のわかる言葉で返答することで成り立っています。この会話はAIの一番大事な技術である機械学習によってどんどん賢くなっていくのです。

■AIとは？

AIは、人間の知的なふるまいの一部を人工的に再現したものです。

従来のプログラムやソフトウエアは、人間があらかじめ組み込んだようにしか動きませんが、AIは大量のデータを取り込むことで自ら学習し、行動することのできるテクノロジーの集合体のことです。

AIと従来の技術の違いを、DX推進の現場の具体的な例を使って説明してみましょう。

■ロボットによる自動化を意味するRPA

業務効率化ツール、ソフトウエア導入の際によく耳にするのが、「RPA」という用語です。Robotic Process Automationの略で、「ロボットによる業務自動化」を表します。

RPAは、内容やルールを設定すれば、自動でそのとおりに繰り返すという仕組みなので、Excelにデータを入力する、顧客データベースに登録するなどの業務や自社の人事・労務にかかわる手続き、管理など、定期的な事務作業を自動化するのに用いられます。

RPAが設定されたルールや基準に従って作業を自動化するのに対し、AIは一歩進んで、ここに「自ら判断をする」というプロセスを加えてくれます。

現在では、AIを搭載したRPAも登場し、自動化だけでなくさらなる効率化が図れるようなものも増えています。

図2－1　作業時間を大きく短縮するRPA

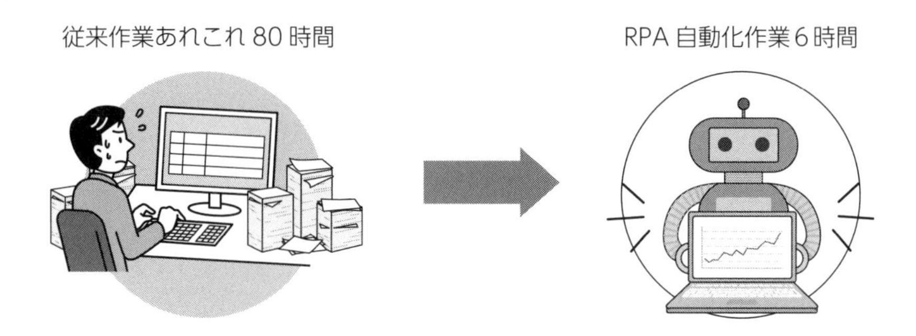

AIがもたらすビジネス革命❶

■かつてない転換期を迎えているビジネス環境

私が起業を決意した2000年代の初めは、バブル崩壊から続く先行きの見えない不況で、多くの企業が倒産して大変厳しい時代でした。

「優位性を持つものがないと生き残っていけない」のは、私たちもクライアントである企業も同じで、私たちが独自性のあるサービスを開発、提供することが導入企業との共存共栄につながっていきました。

弊社では2002年から業務効率化に貢献するWEBサービスを展開してきました。

その間には、引き続き上向かない景気に加えて、リーマンショック、東日本大震災という大きな苦難を迎え、新型コロナウイルスのパンデミックによって世界中が未経験ゾーンに突入するという不測の事態もありましたが、サービスのクラウド化、RPAの進化、AIの登場などテクノロジーのアップデートによって、導入企業の業務改善、業績向上に貢献してきました。

創業から20年余、私たちはこれまで経験したことのないような大きな転換点を迎えていると思います。

■AIがもたらす大きな変化

変化を加速させているのが、AIの急激な進化です。既存のSaaS（サース）やASPにもAIが導入され、作業や判断の自動化が進んでいます。

工場の生産ラインにずらりと人が並んで作業していたものが、ロボットに変わり、検品などの品質チェックも高性能なカメラとセンサーで自動化でき、工場から人が消えたように、AIは人間の作業を肩代わりするだけでなく、事業の成長やイノベーションにかかわる提案を行うレベルにまで成長を遂げているのです。

図2－2　RPAとAIによって変わる業務環境

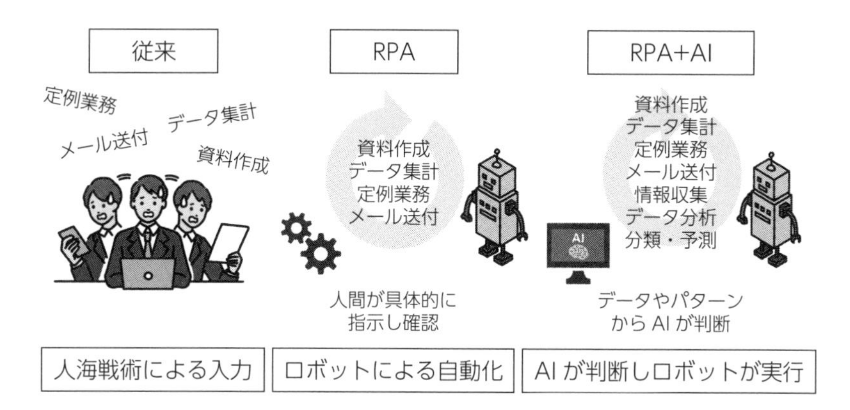

Keyword

SaaS（サース／サーズ）

業務改善ツールの導入を検討する際、RPAと並んでよく聞くのがSaaSかもしれません。「Software as a Service」の略称で、「サービスとしてのソフトウエア」を意味します。「サース」または「サーズ」と読みます。PCにインストールして利用するのが前提だった旧来のソフトウエアと違い、インターネット経由でアクセスする仕組みになっているのが大きな特徴です。月額または年額払いが一般的です。ビジネスチャットのSlackやオンライン会議システムのzoomなどもSaaSの一種です。同じような用語にASP（Application Service Provider）がありますが、SaaSはソフトウエアそのものを、ASPはサービスの提供事業者を指す場合が多くみられます。

AIがもたらすビジネス革命❷

■AIがDXのハードルを下げる

今までは会計ソフトの導入にしろ、SaaS型の業務改善ソフトの導入にしろ、ある程度その業務の中身や知識、パソコンやソフトの操作に長けた専門の担当者が必要でした。

RPA導入前に全社員に向けて勉強会を開いたり、導入後には運用に四苦八苦したり、管理のために使い方を熟知したRPA人材の育成が必要だったりという見えないコストが発生することもしばしばでした。

ひどい例では、お金をかけてRPAを導入したのに、結局使わずじまいで従来のやり方に戻してしまった、という話を聞くこともありました。

しかし、現在はスマホの普及によってデジタル技術が身近になったこと、さらにはAIが登場したことによって、RPAやSaaSの操作は、ほぼ「誰でもできる」というレベルで簡単になっています。

業務の中身にかかわる専門的な知識を要する判断も、設定された基準や過去のデータをもとにAIが判断してくれるようになりました。

RPAによる、いわゆる“ホワイトカラー業務”の効率化、生産性の向上はもはや当たり前、AIによって付加価値を創出し、企業の業績をアップさせるフェーズに移行しているのです。

図2－3　DXにおけるAI導入のロードマップ

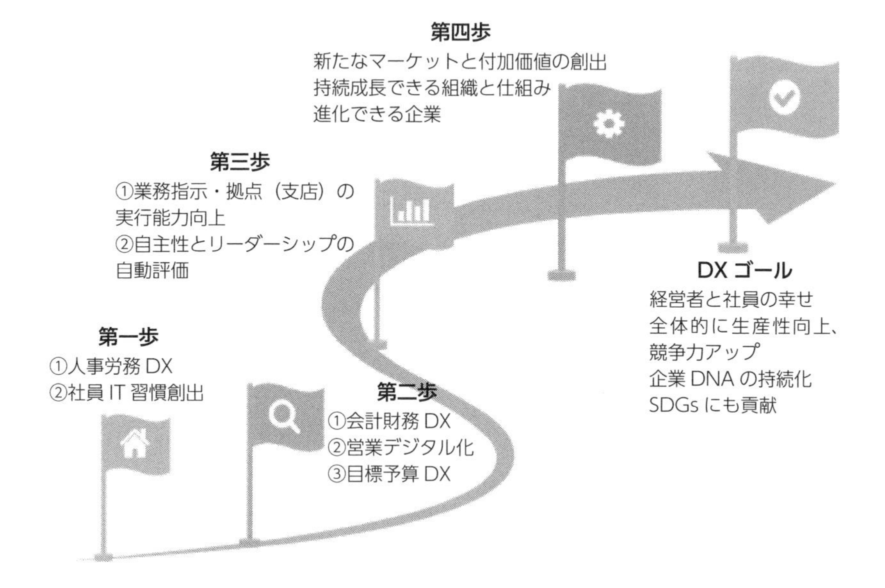

Keyword

Cloud（クラウド）

「Cloud＝雲」が語源になっていて、インターネットを介して必要な時だけサーバーやソフトウエアにアクセスし利用できるサービスを指します。ソフトウエアを提供するSaaSのほか、インフラを提供するIaaS、開発環境を提供するPaaSなどがあります。

RPAでは、それぞれのコンピューターにインストールして使用するデスクトップ型、メインとなるサーバーにインストールするサーバー型のオンプレミスとは別に、ソフトウエア提供元が提供するサーバーにインストールされたシステムにアクセスして使用するクラウド型があります。

またクラウドファンディングやクラウドソーシングといった場合はcrowd（群衆）を指し、個人や企業と不特定多数の個人をつなげるという意味で使われます。

今話題のChatGPTとは？

■対話のできるAI

最近のAIに関する話題といえば、なんといってもChatGPTではないでしょうか。これまでAIが、電子レンジや冷蔵庫、身近な家電製品などを見て「こんなものにも使われているの？」と驚くことはあっても、その存在を意識したことがなかった私たちに、AIの存在をはっきりと認識させてくれたのが、対話型AIであるChatGPTでしょう。

「質問に答えてくれるだけでしょう？」「間違いも多いって話だけど？」。ChatGPTにポジティブな印象を持つ人と、ネガティブな印象を持つ人が二分されてはいるものの、じつは大手企業などではすでに活用が進んでいて、今後のビジネスになくてはならない存在になるのは間違いありません。

■ChatGPTはなにがすごい？

ChatGPTがこれほど話題になったのは、こちらの質問に対してまるで人間と会話しているかのように自然な文章で返答する「機械っぽくない感じ」に驚いた人が多かったからでしょう。しかも、質問する側には何の専門的な知識も特殊な操作も必要ありません。知りたいことや、したいことを文章（または音声）で頼めば高い精度ですぐにフィードバックがあります。

得意不得意はありますが、メールの文章やプレゼン資料の作成、アイデア出しのサポート、議事録の要約、その他のツールと組み合わせて顧客データ、営業データを分析することもすでに行われています。

■ChatGPTの活用例

農林水産省では、補助金申請マニュアルなどの改訂や修正にChatGPTの活用が始まっています。各自治体でもこうした作業の負担軽減のための導入が進みつつあります。

民間企業はさらに進んでいます。大和証券は、大きな課題である情報流出への対策を独自に講じたうえで、9000人の社員全員が業務でChatGPTを活用する環境を整えています。すでにRPA＋AIの活用が進んでいる企業でもChatGPTの解禁、導入により、飛躍的な生産性向上が起きているといいます。

インターネット広告の大手代理店、サイバーエージェントでは、広告運用のオペレーションにChatGPTを導入することで、月間23万時間分の作業を、約7万時間の30%圧縮を目指しているといいますし、日本最大級の法律相談ポータルサイト、弁護士ドットコムでは、これまで人力で行ってきた法律に関する質問への返答に専門データを蓄積したChatGPTを活用することを決めたそうです。

Keyword ChatGPT（チャットジーピーティー）

OpenAI社が開発したAIによるチャットサービスのことで、インターネット上にある膨大なデータを学習し、自然な文章や画像を自動的に作成する生成AIと呼ばれるものの一種です。

2022年11月の公開からわずか2カ月で1億人超のユーザーを獲得、世界中で大きな話題になりました。

大量の仕事を素早くこなす AI 社員

■最強の同僚・AI（アイ）ちゃんの得意なこと

RPAとAI、そして最新の技術活用まで、カタカナ、英語、略語、専門用語ばかりでよくわからないという人も、なんとなく関係が理解できたのではないでしょうか。

ここからは、DX推進の要でもある「AI社員（私たちは親しみを込めてAI（アイ）ちゃんと呼んでいます）」の得意、強み、導入メリットについて少し具体的に見ていきましょう。

AI社員（アイちゃん）のここがすごい①

大量の仕事を素早く正確にこなすことができる

業種による違いはありますが、毎日の業務のなかで、決まったデータの入力、書類のスキャン、報告書の作成など、全員が必ず行わなければいけない、どうしても削ることのできない作業があります。

営業や企画に目が向いていると、こうした作業を軽視しがちですが、必ず時間を割いて行わなければいけないこうした業務を担う人たちの負担は経営者の想像を超えるものがあります。

アイちゃんは、こうした時間のかかる作業を簡単にこなします。入力された情報をデータ化したり、複数のソフトウエアで使えるようにデータ形式を変換したり、ルールに従って並べ替えて整えたり、また自動計算したりするのはRPAがもっとも得意とするところ。現在では、画像の中にある文字と認識できるOCR機能を活用して、スキャナーやスマホで取り込んだ紙ベースの資料を正確にテキスト化して、データとして格納するルーティンワークも珍しくなくなっています。

新規事業のスタート、新商品の開発、現状の分析などにも、WEB上にある大量の情報を自動で収集し、そのデータをAIが比較、検討、精査するような仕事もアイちゃんの得意分野です。

ChatGPTの登場で、データを出すだけでなく、グラフや画像などを使用したプレゼン資料まで作成できる未来も現実になりました。

AI社員（アイちゃん）のここがすごい②

作業精度が高く、エラー、ミスがほとんどない

当たり前のことですが、機械はミスをしません。もちろん、プログラムにバグがあったり、物理的に止まってしまったりなどの事態はあり得ますが、人間のようなケアレスミスは構造上、起きようがないのです。

マイナンバーカードの情報ひも付けなどで問題が起きていますが、あれもミスは入力時、人間の手によって起こった問題です。どんなに几帳面で、数字に強い社員でも、人間である以上、集中力の低下によるミスなどは避けて通れません。

バグ、エラー、障害の可能性があるので、ミスが「ほとんどない」としていますが、理屈のうえでは、絶対にミスがないのがアイちゃんの大きな強みです。

■お金にかかわるミスは致命的なエラーになる

大阪市から「66万円を返してください」と突然文書が届いたという"事件"が話題になりました。これは大阪市が放課後デイサービスというサービスの利用額の補助となる給付金の処理を間違えて過剰に支給していたことが原因でした。

支払いを求められた人は、月々の給付金を多く受け取っていたことにも気づかなかったそうです。給付金の支給は条件によって上限額が変わるようになっており、その設定が間違っていたということでした。

この件は、市の間違いなのに、納入書が届いた1カ月後に66万円の支払い期限が来てしまう理不尽もあって、ニュースとして大きく取り上げられました。大阪市がどんなシステムを使っているかわかりませんが、人の手が加わるところにはこうしたミスがついて回ります。

弊社の社員ブログから似たような話を紹介します。

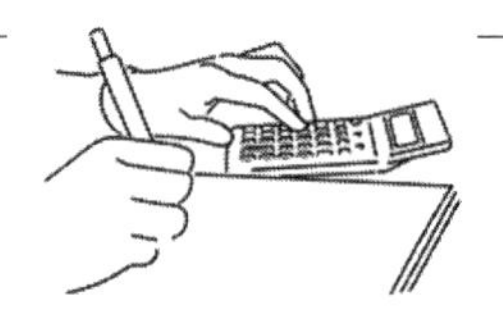

給与計算を手計算で行っていた当時のことでした。

社員にとっては生活に直結する大切な給料ですので、ミスは許されません。当時の担当者は月末の給料日が近づくたびに胃が痛くなるような思いをしていたことでしょう。

その昔、通常業務とは異なる特命の業務に3年間従事していたことがありました。特命業務だけあって、勤務時間や休日、勤務体系が他のメンバーとは違うその業務の部署独自のものでした。

ある日、給与計算にかかわる人事の部長に呼び出された私は、こんなお願いをされました。

「給与計算を間違い、1年の間、多く支払っていた。超過分を返却してほしい……」

人事部長は「申し訳ないが」といってくれましたが、急に返せといわれても、ない袖は振れません。分割で返却することになりましたが、こうした問題は日本中に起きていたのではないかと想像します。

このケースでは、特殊な勤務体系だったことで、残業の計算方式が他のメンバーと違っていたことが原因だったそうです。

AI社員に任せれば、部署ごとのルール変更、条件の設定も一瞬で行えます。従業員のデータベースとひも付けていれば、部署や勤務体系に合わせて自動に切り替わる仕組みも構築可能です。

AI社員は失敗しないうえにミスを未然に防ぐ

■ミスを未然に防ぐ

大阪市のような過剰支給や回収にまつわるニュースは、じつは定期的にニュースになっていて、かなりの高額の税金が回収断念になったというケースも少なくありません。こうした事態を回避するために、自治体でもRPAの活用、AI導入に向けた動きが活性化しています。

東京都がNTTデータ自治体RPA推進チームと行った実証実験（RPAによる作業自動化の共同実証実験）では、RPAの導入によって29業務中25業務で処理時間が縮減し、年間約438時間、平均でなんと66.8%もの縮減率が確認できたそうです。

もう一つこの実証実験の結果で見逃せないのが、導入部署でのEメールの宛先入力の間違いや業務システムでのデータの誤入力、誤転記が減り、ミスの防止に役立ったとの報告があることです。

AI社員は本人がミスをしないだけではなく、既存の業務に対するサポートを行うことで、同僚のミスも未然に防いでくれるのです。

■経験の集約でさらに賢く

AI社員の強みは、「教育すれば確実に成長する」という点にもあります。「ロボット」と聞くと、ただ命令に従うだけの存在を思い浮かべがちですが、AIには、人間の脳の機能を参考にしてつくられた仕組みが備わっています。これは深層学習とかディープラーニングといわれていますが、AIを使う側の人間が具体的な指示をしなくても、大量のデータを処理するなかで、自ら学んで正確性を高め、処理速度を速めてくれるのです。

■報告書作成なども時短可能

若い人はコスパだけでなく、“タイパ（タイムパフォーマンス）”を気にしているらしいですが、業務も簡潔にできることは時短できたほうがいいに決まっています。

上司への報告、申し送り、部署内の情報共有なども、社員がそれぞれに向けてメールやチャットを打つのではなく、定型のテンプレートに必要事項を入力すれば、AI社員が代わりに内容に応じて、必要な相手に、報告、共有できる仕組みも実現可能です。

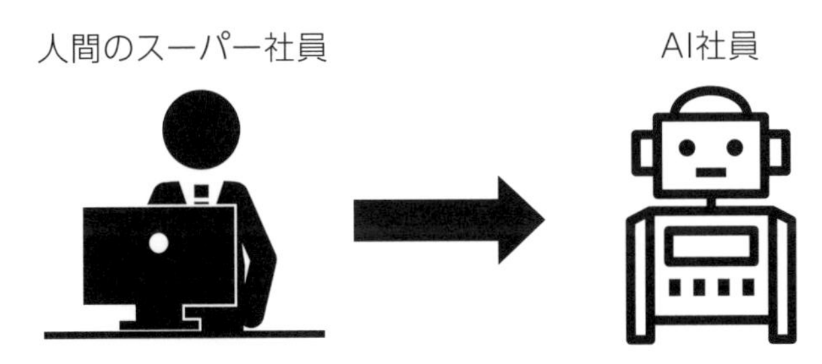

どんなに優秀な社員でも
・ミスは必ず起きる
・集中力の低下で
　ミスの可能性が高まる
・処理スピードには限界がある

AI社員なら
・正確に処理できる
・高速に処理できる
・効率は常に変わらない

不眠不休で働く頼もしいAI社員

AI社員のここがすごい③

24時間フルに働いても休憩や休暇、有給休暇すら必要ない

働き方改革が声高に叫ばれるようになり、労働に関する法律も過重労働、残業を抑制する方向に動いています。社員の意識としても「一つの会社に骨を埋める」つもりで働く人は絶滅危惧種で、待遇や条件、やりがいなどを求めて転職をするのが当たり前になっています。

ワークライフバランス、余暇の充実、男女同権による家事・子育ての分担などの重要性が増している現在、業務の時短と効率化は企業、経営者に求められる当然の義務になっています。

もちろん被雇用者である社員には休む権利があります。しかし、AI社員は将来人工生命体の人権が認められる法律でも制定されない限り、合法的、健全に24時間365日、不眠不休で働いてくれるのです。

■大型連休でも働くシステム

社員が一斉に休暇を取る年末年始やゴールデンウィーク、業務が止まってしまうのは仕方のないことでしょうか？

業界によっては、シフト制で順番に勤務したり、休暇をずらしたりして対応していると思いますが、AI社員ならこうした期間も休みなく働きます。

すでに活用されているのが、AIを活用した自動会話プログラムであるチャットボットです。カスタマーセンターやコールセンターの自

動化、オンラインショップの質問受付や商品のレコメンドまで、すでにさまざまなシーンで利用されています。

これまではオペレーター、事情を把握している担当者が電話やパソコンの前でスタンバイしている必要がありましたが、より多くの知識や経験を持ったAI社員が24時間休みなくお客さまに対応してくれるのです。

身近なところでは、宅配便の再配達でLINEを送ると対話しながら手配ができるサービスを利用したことがある人もいるかもしれませんが、ChatGPTの登場で、まるで担当者と会話しながら問題を解決するといった使い方も期待されています。

■休むタイミングが難しい人事労務管理者

全社員の勤怠管理を担う人事労務の業務担当者は休むタイミングが難しい職種ではないでしょうか。休んでしまうと、勤怠管理の業務が滞り、データが貯まっていく。休んでもいいよといわれているけれど、仕事をためるくらいなら出社したほうが……。

AI社員が勤怠管理を担当できれば、こうしたなかなか表に出てこないモヤモヤも解消できるはずです。

タイムカードを導入し、半自動化している職場でも、1人の勤怠管理を確認し、処理するのにはそれなりの時間がかかります（私たちの試算では約40分！）。

DXが進み、システムで自動化できれば（AI社員に任せられれば）、1人当たりの作業時間は5分で済み、作業効率は87％アップします。

図2－4　「勤怠管理」導入の効果

5,000名規模の会社の事例

【タイムカード管理している場合】

1店舗30名の勤怠管理作業を処理する場合　約 **96** 分 ／**人毎月**

部門長（店長）

本社

シフト手書き作成

突発的なシフト変更への電話対応

確定後システム入力

打刻集計とシフトの相違確認（合わない場合電話対応）

修正

200名の入退社員勤務表チェック

全店舗集計処理

給与システム入力

毎月の締め作業時、勤務実績の確認作業が大変

勤務、残業、有給など集計作業に時間がかかり、ミスが多い

【システム化した場合】

1店舗30名の勤怠管理作業を処理する場合

作業効率 **94.8%** 削減　約 **5** 分 ／**人毎月**

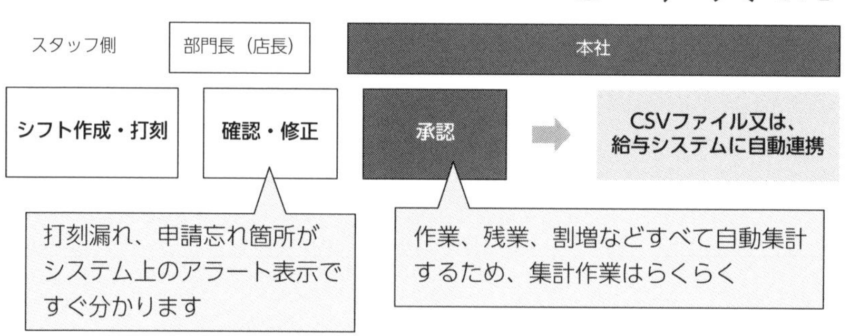

リストラよりAI社員の雇用を

AI社員のここがすごい④

残業代や採用、教育のコストが必要ない

企業経営にかかるコストには、金銭的なものだけではなく、時間的コスト、労力的コストも存在することはすでにお話しました。

金銭的コストのなかで多くを占めるのが、人件費ではないでしょうか。15歳から64歳の「生産年齢人口」が減り続けている日本では、労働者雇用の競争が始まっています。今後は団塊世代と呼ばれる1947〜1949年生まれの約800万人が後期高齢者（75歳以上）になるという2025年問題も間近に迫っていて、人材の確保にかかる金銭的コストは上がることはあっても下がることはないというのが大方の見方です。

かさむ人件費を削減するために、長年働いた人材を解雇するリストラは、本末転倒かもしれません。

■技能を持つ人材の不足と人件費の高騰

特に専門的知識や技術を要する建設業界、IT業界などは、完全な売り手市場。厚生労働省が行っている毎月勤労統計調査を見ても、建設業の現金給与総額はほぼ右肩上がりで推移しています。

IT業界は、売上高の約6割が人件費を占めるともいわれていて、優秀な人材の取り合いが常態化しています。

どんな業界にも共通しているのが、労働力不足、特に技能を持った

人材の不足です。

「石の上にも3年」ではないですが、どの企業でも新入社員が入社後に即戦力として活躍することはまずあり得ません。経験者を中途採用したとしても、自社事情に合わせ一定の教育は必要になります。

■一度教えれば忠実に仕事をこなすAI社員

AI社員が優れているのは、導入すればすぐに効果的に機能するところです。経理にしても勤怠管理にしても、社内申請システムにしても、一度教えれば（設定してしまえば）、二度と同じことをいわなくても必ずミスなく同じ仕事を繰り返してくれます。

「教育には理解や習得に個人差があり、時間をかけたからといって習熟度が上がるわけではない」

「せっかく育てたのに仕事を覚えたら離職してしまった」

私も企業研修に講師として招かれることがありますが、人材の採用にかかるコスト、入社後の教育にかかるコストは増すばかりです。AI社員はこのコストを大幅にカットしてくれます。しかも、ボーナスや退職金、福利厚生制度も不要です。

もちろん人材育成は重要ですが、効率化できる仕事は採用即ベテランの仕事をこなせて残業代も発生しないAI社員に任せることができれば、将来会社を背負って立つ人材を育てることに集中できるでしょう。

AI 社員は柔軟性がすごい

AI社員のここがすごい⑤

部署、業務変更や作業環境の変化にも即座に対応できる

人事による部署変更、配置転換によって、仕事内容に変更があった社員が新しい仕事に慣れるまで時間を要したり、そもそもその異動、変化に不満を持ったりすることがあります。

配置転換ほどではなくても、オフィスの転居、システムの変更、業務手順の変更など、仕事にまつわる環境の変化は業務効率にネガティブな影響を与える要素になります。当たり前ですが、AI社員にはこうした問題は起こり得ません。

■業務の増加、変更にも不満なく即座に対応

経営者ならみなさん苦慮されていることと思いますが、どんなに小さな企業でも会社は一つの組織です。業績が上がっていて、経営が順調に見えても、離職率の高い職場には何か問題が潜んでいますし、一人当たりのタスクが多すぎる企業では、社員の不満が蓄積し、やがてパフォーマンスの低下、組織の崩壊につながる可能性もあります。

業務の増加、複雑化、変更にも不満を感じることなく、設定を変えることで即座に対応できるAI社員は、組織の健全化にも一役買うことができます。

■どうせなら関連業務まるごとシステム化

業務のデジタル化を進めている企業は多いのですが、大企業であっても既存のSaaSやRPAの機能に合わせて、部分的な活用にとどまっているケースもよく見られます。

人事労務の電子化一つとっても、給与計算、勤怠管理は電子化したけれど、入社にかかわる手続き、明細書類の発行、年末調整などは担当者が手動で行っているという企業も多いのではないでしょうか。

例えばこのような話があります。

高校生の時、コンビニでアルバイトを始めました。勤務開始前に事務所に呼ばれ、店長と雇用契約書を、一緒に確認しました。

「じゃあここに印鑑を押してください」

すべての項目を確認したあと、店長に促されて印鑑を押したのですが、この日はこれで終了。契約書の確認とハンコを押すだけのためにお店に足を運んだと思うと、なんだか時間がもったいないと感じました。

これは、弊社の社員が高校生の時の経験を自社ブログに書いていたエピソードです。人事労務がまるごとシステム化されていれば、アルバイトの“入り口”である雇用契約書もペーパーレス化され、確認、承認もわざわざ店舗に足を運ぶことなく手元のスマホで完了します。その契約内容に基づいて勤怠、給与が決まり、翌日から働いても何の問題も起きません。

せっかくシステムを導入しても、途中に“人力”を挟むことでかえって効率が落ち、これがボトルネックになってしまうこともあります。

本当は怖いメンタルヘルスのリスク

AI社員のここがすごい⑥
メンタルヘルス管理を必要としない

人的資本を生かすためには、従業員の健康を保つことが重要です。コロナ禍を経てさらに注目を集めているのが、心の健康＝メンタルヘルスの問題です。

うつ病などの精神疾患は、従業員の休職や退職、労災や最悪の場合は自殺に至るなどのリスクがあります。

内閣府のデータをもとに、休職期間中にかかる追加コストを算出したところ一人当たり422万円と試算されたというデータもあります。つまり、従業員の心の問題は企業に大きなダメージを与えかねません。

もちろんAI社員にうつ病の心配はありませんし、パワハラ、セクハラの危険性もありません。

■メンタルヘルスを放置するリスクとコスト

従業員がうつ病になった場合、どのようなリスクが考えられるでしょうか。当然業務の効率は低下し、予期せぬ遅刻や休暇、長期の休職、場合によっては退職という結果に終わることもあるでしょう。

従業員本人の心の回復が第一ですが、経営者目線でいえば労働力の損失、採用、教育にかかったコストも無視できません。

また、業務によってうつ病になったとされた場合は、労災請求だけでなく、損害賠償請求をされる可能性もあります。

図２－１にあるように、精神障害による労災補償の請求は増加傾向にあります。30代が全体の約3割を占めるとされており、比較的若い層が仕事上の問題や職場の人間関係に悩んでいる実情がうかがえます。

図２－５　精神障害などの労災補償状況の年次推移

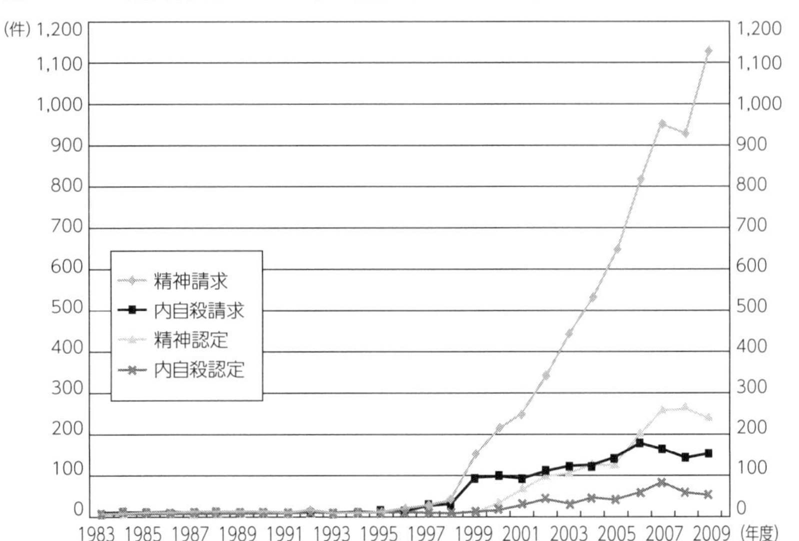

注：認定件数は、当該年度に請求されたものに限るものではない。
(厚生労働省労働基準局統計)

厚生労働省「産業精神保健の動向」より

■AI社員の活用で“健康経営”を

労災や損害賠償が無条件に認められるわけではありませんが、企業側が安全配慮義務に違反していたり、何らかの瑕疵（かし）（落ち度）が認定されれば、賠償責任が生じるリスクもあります。

仮に賠償までいかなくとも、従業員が健康に働いてくれることが一番いいに決まっています。心の不調を防ぐためにしっかりとした労務管理、ストレスチェックなどの予防策、メンタルケアに注力する“健康経営”という言葉も聞かれるようになりました。

AI社員の活用は、従業員の心身の負担を軽減することにもつながります。優秀な人材に「選ばれる企業」であるためにも、従業員の心身の健康を常に気にかけることはとても大切です。

広がるAI社員の可能性

■単純作業はお手のものだけど

AI社員、繰り返しの単純作業だけれどすべての業務のベースになる「誰かがやらなければいけない仕事」を一人黙々と、24時間365日休まずこなしてくれます。

少しの数字の間違いが大きなズレになってしまう会計、経理業務はもちろん、ネット販売のオーダーから、倉庫への発注、配送の手配、在庫の更新と調整までを完璧にやり遂げます。

従業員の管理はお手のもので、入社から退社までのすべてのイベントを完璧に把握します。AI社員は自主性のある社員まで把握してくれて、良い組織創出にも貢献してくれます。同様に顧客管理も正確に行います。

■より高度で能動的な仕事もこなせるように

成長を続ける“アイちゃん”は、こうした作業だけでなく、自分で考えて行う能動的な仕事もこなせるようになってきています。

過去の実績から予算の見積をしたり、株式市場の動向や為替の動き、自ら管理している顧客データベースの分析をもとにセールスマーケティングができるようにもなっています。

単純な作業はAIに、高度な判断を要する仕事は人間がといわれてきましたが、いまや営業やマーケティングの分野でも、"アイちゃん"は活躍しつつあるのです。

■変わる人間の仕事

AIの進化で、「人間の仕事が奪われる未来」がずっと早まったとされています。しかし、どんなにAIが進化しても人間はお役御免にはなりません。

第一次産業革命が起きる前、糸車を回していた紡績職人たちは、蒸気機関が発明されたことで仕事を失いました。でも、紡績機の登場は、大量の織物を世界中に供給することにつながり、周辺の仕事はかえって増え、職人たちも形を変えて好景気に沸く紡績業界で働き続けました。鉄道や自動車によって姿を消した馬車を運転していた駅者（ぎょしゃ）も、現代ではその姿をまったく目にしませんが、鉄道の車掌、タクシーの運転手など、移動手段となる乗り物を操縦する職業はなくなりませんでした。

AIやロボットの進化は、運転手の存在を不要にしそうですが、それに代わる新たな需要、仕事が必ず生まれます。

・データサイエンティスト
・AIエンジニア

などはなんとなく予想できますが、アメリカに本拠を置くコンサルティング企業、コグニサント社のレポートでは、次のような仕事が生まれる可能性を示唆しています。

・散歩、会話の相手

人とのかかわりが少なくなった社会で一緒に散歩することや話し相手になる職業。

・フィットネス・コミットメント・カウンセラー

食事、栄養状態など、AIによって管理された人間の健康状態にアドバイスを送る仕事。数値的な厳密な管理より、感情に寄り添う人間的な触れ合いを担当する職業。

・デジタル仕立屋

体型に合う服をつくるための採寸を行い仕立てる職業。

こうした直接デジタル技術とは関係がない仕事も誕生しそうです。

AIは経営者の一番の味方に

■「しょせんは機械」といえなくなる未来

AIとの棲み分けとして、感情にかかわることは引き続き人間がという考え方が一般的です。私も、役割分担が重要で、人間は人間にしかできないことをする、そこに集中するためにうまくAIを使うという考え方でDXの推進をお勧めしています。

「劉さん、機械のこととか、プログラム、システムのことなんてわからないよ」

お付き合いのある経営者にこういわれたら、

「AIに合わせてこれまでとやり方を変える必要はないんですよ。AIが経営者のやりたいことを手伝ってくれるだけですから」

そんなふうに返していましたが、そう遠くない未来、AI社員の“アイちゃん”はお手伝い以上の貢献をするようになるかもしれません。

■医師よりも患者に寄り添う「共感力」

ChatGPTがすごいという話は、この本で触れた話題以外にも何度も耳にしていると思いますが、カリフォルニア大学サンディエゴ校のジョン・エアーズ博士の研究発表には多くの人が驚かされました。

エアーズ博士たちが行った実験は、医療機関にかかっている患者さんの200件の質問に対して、お医者さんとChatGPTがそれぞれ答えるというものでした。

質問の内容は、身体的な疾患に関するものの他にも、依存症や暴力、メンタルヘルスなどに関するものもありました。

この結果を専門家が分析したところ、質問のうちの78.6%でChatGPTのほうがお医者さんよりも正確で質の高い回答をしたそうです。

ここまでは想定内ですが、私が驚いたのは次の結果です。

質問の回答が、より親身で共感的だったのはどちらか？

結果はなんと45.1%の回答で共感的だったChatGPTが、わずか4.6%だったお医者さんに圧勝したのです。

普段病院に行ったときの対応を思い浮かべると、お医者さんのほうに問題がある気もしますが、「AIは感情に寄り添えない」という常識はもはや過去のものになりつつあります。

図２－６　患者の質問に対する共感に関する調査

お医者さん
4.6%の患者がより共感的だと感じた

ChatGPT
45.1%の患者がより共感的だと感じた

カリフォルニア大学サンディエゴ校の研究より

第 3 章

大企業にも有効！
すでに変革を起こしている
DX

人事・労務・総務・経理の壁を壊す一元化

■役割を全うする“縦割り”の弊害

今までの日本の企業には、人事・労務・総務・経理という部署があり、それぞれの部署ごとに「役割の壁」をつくっていました。

ところが、DXを導入することによってこの壁をなくすことができます。

○人事…採用活動、教育プログラムの支援、人事評価など
○労務…入社手続き、雇用契約管理、労働労災保険、社会保険等各種加入申請、離脱手続きなど
○経理…伝票の集計、経費の精算、給与計算など
○総務…勤怠管理、備品のストック管理など

以上は部署ごとの主な仕事、役割です。製造や開発、営業など直接業務にかかわらないバックオフィスは、企業が存在するために、また発展するために、従業員が心地よく働くためにとても重要なもので、その仕事は多岐にわたります。そのため、大企業ではそれぞれの役割ごとに部署化し、専任の担当者を置くようになったのだと思います。

しかし、日本の社会の問題点としてよく挙げられているように、部署ごとの“縦割り”は、融通が利かなかったり、重複があったり、かえってムダを生んでしまっていることもあります。

DX化が進むと、人事・労務・総務・経理の仕事は簡略化され、一元化が可能になるので、“縦割りの壁”は崩れて消え去ります。

図3－1　入社から退社までのイベントを一元管理

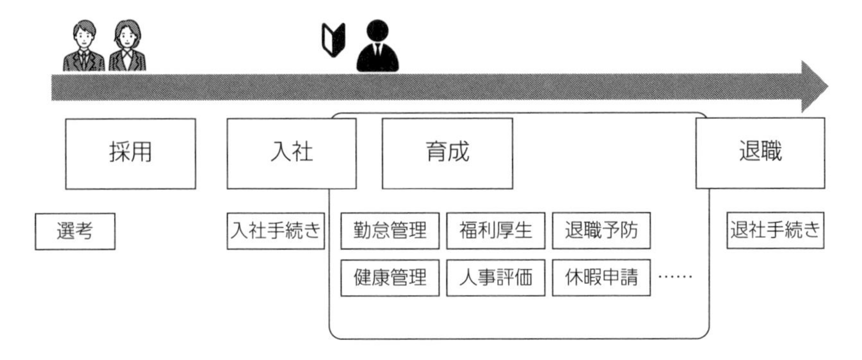

■入社から退社まで一元管理

業務の一元化のいい例が社員・従業員が採用され、入社して働き、退社するまでの一連のイベントにかかわる管理でしょう。

企業が一人の社員にかかわるイベントを大きく分けると、採用、入社、育成、退職の4つになります。

従来の形であれば、採用、育成は人事が、入社時の手続きは労務が、入社後の給与関係は経理が、勤怠については総務が、というようにそれぞれがその時々に少しずつかかわることになります。しかし、DX化された会社では、この一連のイベントを一元化して管理することが可能になり、一人の社員が入社して退職するまでの管理が半自動で、シームレスに行うことができるようになります。

■専用部署を必要としない中小企業にも有効

「それぞれが責任をもってやったほうがいい。それにうちの規模じゃ専用部署なんてないから大丈夫」

中小企業の経営者のなかには、こういって昔ながらのやり方を継続されている方もいます。たしかにそれぞれの仕事量、作業の手間はそれほどではないかもしれません。しかし、専用部署がない中小企業では、一人の担当者が複数の役割をこなすことになり、その人に仕事が集中してしまいます。

これまで人がかかわってやらなければいけなかったイベントも、じつはシステムで解決できることが増えています。

■煩雑な入社手続きを簡略化する

例えば、前述した入社手続き。エントリーから選考を経て採用が決まった際には、当然入社に際する手続きが必要です。

企業からは、採用通知書を送り、入社承諾書、誓約書、入社手続きに関する案内、労働条件通知書、雇用契約書などの各種書類が必要になります。

採用された側の立場では、名前や住所など、エントリーの時から数えると「もう何度目？」といいたくなるくらい同じことを記入せねばならず、引っ越しなどの変更があった際も別途手続きが必要です。給与振込のための口座登録、マイナンバーの登録など、企業側も提出する側もかなり煩雑な作業になってしまいます。

これって本当に絶対必要な作業なのでしょうか？　もちろん必要な情報、契約締結に関する書面でのやりとりは必要ですが、システムを導入した企業ではかなりの簡略がすでに進んでいます。

■手間を省いてミスも減らせる

必要な情報については、採用された社員が入社までに自分のスマホで入力すれば事足ります。給与の振込口座にしたいキャッシュカードをスマホで撮影し、画像から数字や文字を読み取るOCR機能を活用すれば、書き間違いや読み間違いなどのヒューマンエラーを防ぐこともできます。

決められたフォーマットに沿っていつでも好きなときに記入ができ、過不足があれば担当者からアラートが出る。企業側でも、人事担当者がわざわざ紙ベースで書類とにらめっこしなくても、システム上で情報を確認し、ワンクリックで承認できるようになります。

アルバイトやパートの多い飲食店などでは、雇用形態や勤務時間が従業員一人ひとり異なります。こうした場合は特に、契約が煩雑になりがちです。DX化が進めば、従業員の雇用条件に応じた契約が自動で準備され、それに合わせた勤怠管理、給与計算がこれも自動でセットされます。

人事部と労務部、総務、場合によっては法務部を行ったり来たりしながら担当者が各所に確認してやっていた作業も、それぞれの確認や承認を省いたりおろそかにすることなく、ワンストップで完了させることができるのです。

図３－２　入社手続きの簡略化

■問題が起きたときに責任の所在がはっきりしない

“縦割り”の大きな弊害は、何か問題が起きたときに原因や責任の所在がすぐにわからないことです。原因がわからなければ対処のしようがありませんし、それぞれの部署の担当者が責任を押しつけ合って、対応や本来取り組むべき対策が遅れることも考えられます。

■大企業で起きた「派遣切り」にかかわる労使問題

10年以上前のことですが、製造業にかかわる派遣社員は、同一部署で3年以上連続では契約を結べないという法改正がありました。直接雇用や請負社員を増やそうとする試みだったのですが、移行猶予期間が終了する2009年には、多くの派遣労働者が契約更新できなくなるという「2009年問題」が心配されました。

しかし、その直前にリーマンショックが起きて、多くの派遣社員が解雇されるいわゆる「派遣切り」が社会問題化しました。

このとき、みなさんがよく知る大企業の工場でもかなりたくさんの雇用に関する問題が起きました。

ある大手企業の工場に派遣社員として働いていたAさんは、2009年3月31日に突然工場との契約が終了し、職を失ってしまいました。企業側の説明によると、契約が切れる数カ月前、年明けには郵送で契約終了の通知をしたといいます。

「送った」「届いていない」

「知らせた」「知らなかった」

Aさんと同じような状況の人はかなりたくさんいて、通知を送った証明ができなかったこと、派遣社員は複数の派遣先の企業を介しての契約だったことなどが災いし、この問題は裁判にもなり、かなり大きな労使問題になりました。

■既読、承認も把握可能なシステムを

この問題はどうすれば防げたのでしょう？　担当者が法律やルールをもっと詳細に把握すべきだった？　派遣会社との連絡をもっと密に取るべきだった？　通知の確認をもっとすべきだった？　郵送の際に配達証明を利用すべきだった？　反省点を挙げれば切りがありませんが、社内調査チームを設けて問題究明、改善に乗り出しても結局結論は「部署を横断する事務処理の煩雑さ」や「部署間の連絡、コミュニケーション不足」などが挙げられるだけでしょう。

日本企業に限りませんが、大企業の隠蔽体質や事なかれ主義はこうしたことから起きるのです。大企業では、人事管理部門はオフィス、現場は工場というある意味での分断があることも問題を大きくしたのかもしれません。

人的ミスをすべてなくすことはできませんが、人間がかかわる部分を極力少なくすれば解決することはたくさんあります。

例えば、上記のような契約にかかわる問題は、システム化していれば派遣社員それぞれに直接通知が行きます。手紙やメールが届いたか、ちゃんと読んだかではなく、出社時の勤怠管理などの際にシステムを開けばお知らせとして通知が届き、契約書を読んで承認するように促されるのです。

放置されていればシステム上で担当者が確認できるので、契約状況

は誰が見ても一目瞭然です。

DXは業務効率化だけでなく、企業をトラブルから守る、未然に問題を防ぐ役割も果たすのです。

■進化するタイムカード

勤怠管理といえば、タイムカードでの打刻が主流です。

始業時にタイムレコーダーに自分のタイムカードを挿入し、出勤時間を記録する。終業時に再びタイムレコーダーにタイムカードを挿入して退勤時間を打刻する。

19世紀のアメリカで発明されたタイムカードの仕組みは、工業化が急激に進んだ時代に労働者と労働時間を把握、管理するために生まれたものです。

意外と古くから同じ仕組みでやっているんだなと思うのですが、DX化の波によってタイムカードの仕組みももちろん進化しています。

パソコンや自分のスマホを使った打刻や、suicaなどの交通系ICカードを用いるもの、厳重なセキュリティーが必要な企業では、顔認証や指紋認証、静脈認証が用いられることもあります。

■DX化すれば打刻情報が瞬時にわかる

タイムカードの役割は、出勤と退勤を打刻して勤務時間を正確に把握することでした。しかし、スマホやICカードでの管理が可能になった現在では、クラウド型の勤怠システムと連動して、「誰がどこでどんな作業をしているか」までリアルタイムに把握できるようになっています。

勤怠管理システムでは、誰がいつどこで打刻したのかという、時間や場所などをリアルタイムで把握することができます。

遅刻はもちろん、予定の変更、急遽の配置転換も後から正確に確認でき、間違った打刻であればすぐに対応することが可能になります。こうしたシステムを導入すれば、不正打刻は無理！　というより従業員もそんなことをしようという気が起きません。習慣的に従業員が自制しているわけです。

■GPSで打刻時間だけでなく場所も管理

弊社で提供しているスマートフォン打刻の使用例を見ると、打刻の新しい活用法がわかっていただけると思います。

限定されたエリアの中で7カ所の拠点を持つ企業の例です。それぞれの拠点距離は、近すぎもせず遠すぎもしないということで、従業員は日によって違う場所に出勤していました。それぞれのタイムカードをどう管理するのか？　集計に手間がかかる状況が続いていたのですが、それもスマホ打刻によるクラウド勤怠管理ですべてが解決することになります。

従業員は、自分のスマートフォンで出勤と退勤を打刻するだけ。GPSがどの拠点で仕事をするのかを特定してくれますし、1日に複数の拠点で勤務した場合の把握もスムーズです。

GPSによる場所の特定は、設定を変えれば1メートル単位以内で行えるので、管理者が望めば工場内のどのエリアでどんな作業をしていたのかなどの情報まで記録できるのです。

図３－３　スマホのGPS機能を利用した打刻

監視されていると感じる人もいるかもしれませんが、勤務時間中は、しっかり管理されていたほうが適正な評価をしてもらえるというメリットがあります。

導入した企業の従業員からは利便性が上がったこと、手間が省ける、勤怠管理にミスが起きないなどのメリットを喜ぶ声がよく聞かれます。情報の提供者からも、管理側からも利便性を感じられているのです。

■残業や不正を防ぐためのデジタル化

クラウドとGPSの組み合わせは、全国どこでも、その気になれば世界中どこでも打刻管理ができる点で優れています。

以前、食材を店舗に配送する運転業務の勤怠管理でこんな問題が起きたことがありました。

本当は怖い紙での勤怠管理

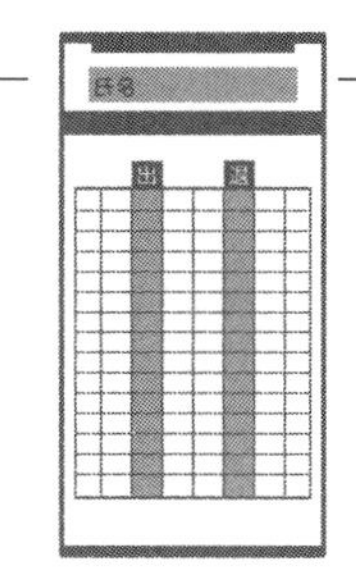

少し前のことだったこともあり、その会社での勤怠管理は紙ベースでした。一つの出勤簿にそれぞれの運転手が記入する形です。

手書きでの勤怠記録は改ざんの恐れがあるため、厚生労働省が労働時間把握の方法として定めている客観的な記録には該当しません。しかし、外回りの営業や、この企業のようなルート配送業務などでは「自己申告制」としての運用が認められているのです。

あるとき、「勤務実態と給与が違う」と複数の運転手たちが訴え出てきました。会社としては計算に間違いはなく、出勤簿どおりに支払いをしているという結論になりました。

運転手側の主張は、「勤務実態は会社が管理している出勤簿ではなく、自分たちのメモにある」というもの。

会社側は、紙とはいえ、記入された出勤簿をもとに計算した証拠を示したのですが、運転手は自分たちのメモが正しいといいます。

両者折り合わず、結局裁判になったそうですが、なんと証拠として認められたのは運転手が残していたメモのほうでした。裁判は会社側が敗訴という結果になりました。

自己申告制では、従業員本人も、労務担当者も正確な実労働時間を把握できない可能性があります。その後、その企業では、運転手の勤怠管理にGPSを導入し、勤務実態の把握をリアルタイムで行うようにしました。

この例のように、オフィスとは別に現場がある勤務形態では、出勤・退勤の実態の把握が困難でした。しかし、DX時代の到来によってGPSのような客観的な証拠とともに正確な記録ができるようになり、誰が見ても間違いのない実態に即した勤怠管理ができるようになったのです。

■打刻だけが勤怠管理ではありません

もちろんいまだに紙の出勤簿で管理している会社もありますが、タイムカードを用いた勤怠管理の進化は、打刻の仕方が変わっただけではありません。

リアルタイムの勤怠状況の把握、有給休暇の取得状況、雇用契約条件や給与計算との連動などが勤怠管理と結びつくことが、この本の中でも何度もお伝えしているDXによる人材管理の一元化につながっていきます。

■勤怠管理で業績、売上アップ？

私たちのクライアントの例を一つ挙げましょう。

従業員7,000名以上規模の医薬品、化粧品、食品、日用品などを扱う小売業のお客さま（クライアント）は、業務効率アップを目指して弊社の勤怠管理を導入されました。

導入前は、店舗に立つパートさんが多いこともあり、勤怠、シフト管理には店長さんはじめ管理者が相当時間を割いていたそうです。

「想定していなかった効果があった」

システム化によって勤怠管理がスムーズに行えるようになったのは「期待どおり」だったようですが、クライアントが驚いていたのは、勤怠データが可視化、明確化されることで、雇用契約やシフト管理が楽になったことでした。
勤怠管理をデジタルで行おうと思えば、雇用契約の入り口から個人情報を管理する必要があります。従業員の勤務形態から時給、有給申請などのデータも一元管理できるようになります。申請された勤務時間の希望以外にも、有給休暇の消化日数・残日数・申請中日数まで把握し、こうした情報をもとにシフトを組むことが可能になり、勤怠管理、人事にかかわる全体の作業時間が3分の2程度に短縮されたそうです。

システムを応用すれば、例えば店舗ごとの売上に対する人件費の割合をセットし、それを超えないような運営をすることも可能になります。“できる店長”なら当然意識している、1日の売上目標が20万円なら人件費はこれくらいに抑えたいという経営的な目線を、自然に、しかもわかりやすくシフト表に加えることができるようになるわけです。システムの導入で新店長もベテラン店長のように“店の予算”をコントロールすることが可能になります。

■残業代トラブル？　社長を給料日の憂鬱から救う

残業についても面白い話があります。
「劉さん、私が怒られるんですよ」
ある会社の女性社長が、給料日前になると気持ちが落ち込むと愚痴をこぼします。
聞けば、給料日になるとある従業員から「残業代が入っていない」というクレームが相次ぐのだとか。経理担当者にではなく直接社長に文句をいえるアットホームな雰囲気はいいと思うのですが、これも手作業で勤怠管理をしている弊害だと私は思いました。
「従業員の話をよく聞いてみると、『残業の申請を忘れてそのまま残業していました』ということもあるんです」

女性社長の悩みは、システム化すれば絶対に起きない問題です。勤怠管理をシステム化していれば、残業の申請もリアルタイムで行えます。後は決裁権を持つ人が承認すれば、給与計算にも残業代が加算されます。

「私も経理の人も知らない残業代を払えっていうほうがむちゃじゃないですか？」

彼女のぼやきはもっともですが、勤怠をあいまいにしてしまうとこうしたトラブルも頻発するだろうなと思い、システム導入を勧めました。

勤怠管理システム導入後は、もちろんこうした問題は起きておらず、給料日に社長の胃が痛くなることもなくなったそうです。

■大量のアルバイト・パートを抱える企業の場合

大企業が先行してDXを導入しているのは、企業体力がある、資金がある、先進的な取り組みを株主からも推奨されているなどさまざまな理由がありますが、規模が大きくなるにつれて、人の手で管理するのが難しくなるからという側面もあります。

弊社のシステムを利用されている大手飲食チェーンでは、約1万7000人の従業員がシステムを利用しています。

従業員の約9割を占めるのは、外国人を含む店舗で働くパート・アルバイトです。飲食チェーンの特徴として、人の入れ替わりが激しいことが挙げられますが、この企業では毎月約2500人の入退社があります。

毎月2500人が出たり入ったりするわけですから、その手続きの量は桁違いです。

■2500人分の雇用データを処理せよ

雇用する人の名前や住所を記入した各種の書類、銀行口座などを提出してもらい、担当者が入力することでデータベースに登録する。毎月2500人分をこなすには人も時間も膨大に必要ですし、当然ミスも多く起きます。

この企業の担当者さんからお聞きしたところ、以前は紙でのやりとりが一部残っており、給与支払いの締め日までに本部に書類が届かず振り込みができないことも珍しくなかったそうです。契約条件の漏れなどのミスで何度もやりとりをしなければいけないこともあったそうで、かなりの人的リソースを雇用契約に取られていたとのことです。

DX化は、この煩雑な手続きを一気にシンプルでスムーズなものにしました。何度も店舗に足を運んでもらいその度に確認をしていた雇用契約にかかわる手続きが、システム化以後は従業員自らオンライン上で必要事項に記入を行い、店長や本部の担当者がそれを確認するだけになりました。

身分証はOCRで読み取るだけで登録が可能で、特に近年増えている外国人従業員の在留カードの扱いなども簡単になりました。もちろんシステムは英語や中国語、韓国語などの多言語にも対応しています。外国人労働者、在留カードについては後ほど詳しく説明しますが、提出から承認、登録処理が大幅に短縮できたことでタイムラグもなくなり、当然ミスも大幅に減ったそうです。

■1万7000人の従業員の勤怠管理と給与計算

店舗数を増やし続けている成長企業であるその飲食チェーンでは、人の頻繁な入れ替えはあっても1万7000人規模の従業員が常時働いています。

登録作業の効率化によって、人の入れ替わりにかかる作業が大幅に削減されましたが、各店舗で働く従業員の管理は依然として大変なままです。

一人ひとりの従業員がそれぞれの時給で、何時間働いたのか？　交通費はいくらか？　などを加味しつつ１カ月の給与計算を手作業でやっていては間に合いません。

そこで大手飲食チェーンに導入されている人事労務システムでは、一人ひとりの労働時間と給料を、AIが自動的に計算してくれる機能を備えています。

雇用の際に個人データを登録すれば、あとはAIが勤怠管理データと各人に設定された時給をもとに自動計算し、給与明細の作成までしてくれるのです。

図３－４　大手飲食チェーンの雇用登録のイメージ

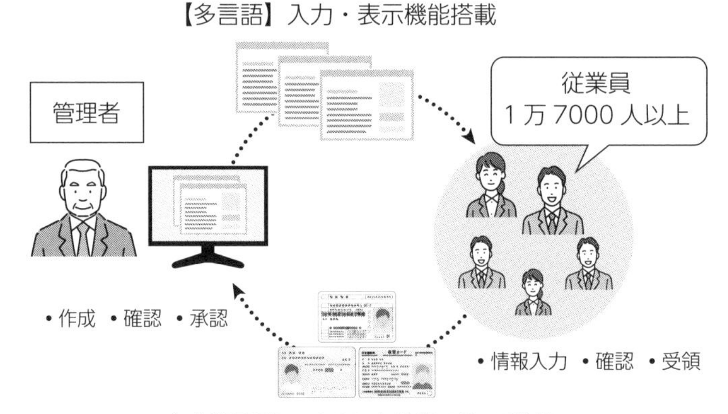

図3－5　人事データベースの画面サンプル

年末調整管理（登録件数：22人）　個別マニュアル

年度 2023　所属：　在職　年末調整可否：　ステータス：　名前 ID 生年月日 電話　検索

帳票種類：　帳票出力　申告書データ承認

□	スタッフ名	ステータス	初回提出	年末調整	配偶者収入額(円)	扶養親族人数	社会保険料控除(円)
□	佐藤　花子 id: 12344	差し戻し中		○	0	0	0
□	テスト id: 202102	未申請		○	0	0	0
□	標準太郎 id: 202303	未申請		×	0	0	0

■年末調整の膨大な作業量を大幅圧縮！

もう一つ、企業担当者から好評だったのが、年末調整の作業量が大幅に削減できたことでした。弊社システムを採用している総従業員数5万人の会社では、年末調整にかかわる申請書類は3種類あるので、実質的には15万枚の書類を処理することになります。

毎年必ず年末になるとやらなければいけない年末調整は、みなさんもその大変さをよく知っていると思います。人的にも時間的にも固定コストとして大きくのしかかる年末調整の作業圧縮は、バックオフィスの改善としてはかなり大きなものだったと感謝の言葉をもらいました。

一方、「年末調整」のためだけの用紙を環境面から見ていくと、15万枚（A4判）の用紙を製造するのに木材1.25トン、水125トンが必要なのです。もちろん、15万枚の用紙削減はコスト面でも貢献してくれます。

■年齢を問わず紙に書くより簡単で速い？

システム化のメリットは、老若男女国籍を問わない多様な人材に対して、直感的な操作でさまざまな手続きが行える点です。多言語対応もそうですが、スマホで書類を撮影してアップする、身分証をスマホで簡易的にスキャンして読み取るなどの操作は、パソコンに詳しくなくても、言葉がわからなくても普段のスマホ操作と同じように扱えます。

人事担当者から評価の高い機能がもう一つありました。入力や申請に不備があった場合の「差し戻し」の機能です。

入力画面でどこに抜け漏れ、問題があるのかが表示されるため、対面で一緒に書類を見ながら説明するよりかえってわかりやすいと好評です。

外国人労働者の勤怠管理には DXが不可欠

■深刻さを増す人手不足と外国人労働者の増加

コンビニや飲食店で外国人スタッフを見かけることはもう日常になりました。厚生労働省の統計を見ると、外国人労働者は2022年時点で182万人いるそうです。もちろん過去最高の数字ですし、10年前と比べると4倍以上の増加率です（図３－６外国人労働者数の推移）。

以前はサービス業や製造業、建設業など限られた業界、業種の比重が高かったような印象がありますが、現在では外国人労働者を受け入れるかどうかではなく、どう受け入れてスムーズに働いてもらうかというフェーズに移行していると感じます。

図３－６　外国人労働者数の推移

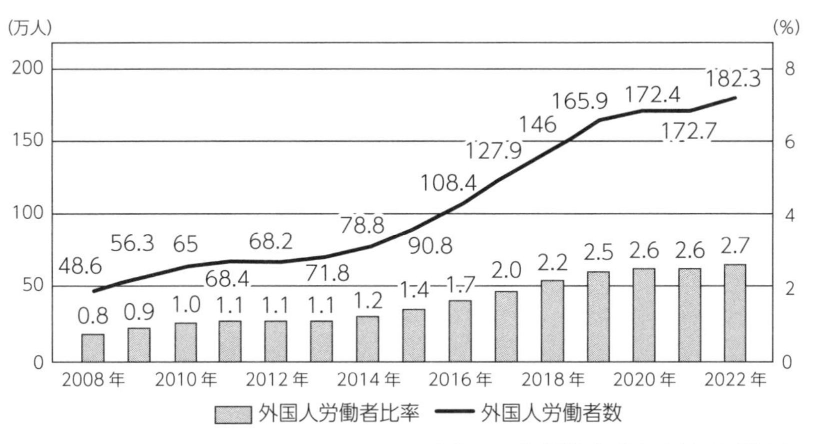

出典：厚生労働省「外国人雇用状況」

■いろいろな国の労働者がどんどん増える

第1章ですでに触れたように、少子高齢化が進む日本では、労働力の低下、人手不足が深刻です。少子高齢化の先輩でもあるヨーロッパ諸国でも労働力不足は起きていますが、地続きの環境もあって、働き手の流動性の面でこれまでの日本は少し特殊だったといえるでしょう。

私が日本で働きはじめた頃、起業した2002年でさえ、「劉さん、中国の人が珍しいね」「内モンゴル出身？どういうところ？」といわれていたのを思い出しますが、諸外国に比べればまだまだ少ないとはいえ、日本で働く人の国籍も多様化しています。

2022年の『外国人雇用状況』によると、外国人労働者の国籍で最多だったのは、全体の25.4%を占めるベトナムが462,384人でもっとも多く、2位は385,848人の中国、次に206,050人のフィリピンという順でした。インドネシアやミャンマー、ネパールといった国々は、前年に比べて増加率が高くなっていて、日本の労働者の多国籍化は今後ますます進むはずです。

DXには、労働力不足をテクノロジーで補うという目的もありますが、すべてが一気にAIやロボットに置き換わるわけではありません。人間は人が得意なこと、できることをやっていくことには変わりないので、外国人労働者が言語や宗教、生活習慣、商習慣などの違いを意識せずに、スムーズに働けるようにサポートするDXはとても重要です。

図３－７　国籍別外国人労働者の割合（2022年10月末現在）

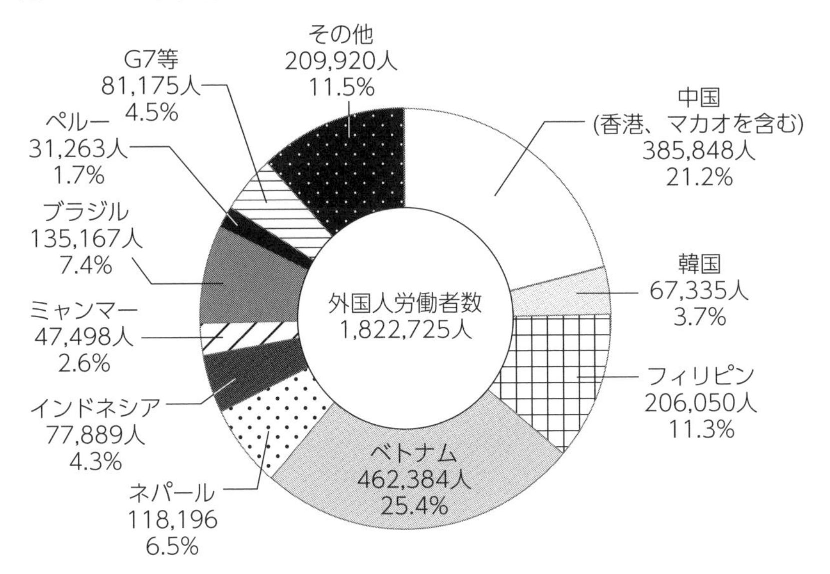

出典：厚生労働省『「外国人雇用状況」の届出状況まとめ』

■あなたの会社にも外国人労働者が

企業の大小を問わず、外国人労働者を雇う機会も増えています。厚生労働省の2022年の調査では、外国人を雇用する事業所数は298,790カ所で、届け出の義務化以降過去最高を更新したそうです。

すでに外国人労働者を雇用している経営者もいると思いますが、これまで無関係だと思っていた会社の経営者でも、「最近、外国人労働者を街で見かける」から、「うちの会社でも働いてもらいたい」となるのは時間の問題でしょう。

■外国人労働者を雇う際のハードル

外国人労働者を雇用する際に何より大切なのが、在留カードの確認、管理です。在留カードには国籍や氏名、生年月日等の基礎情報以外に在留資格や在留期間、就労の可否等、就業する際にチェックが必要な情報が記載されているので、雇用予定者が適法なのか漏れなく確認する必要があります。

図3－8　在留カード（サンプル）

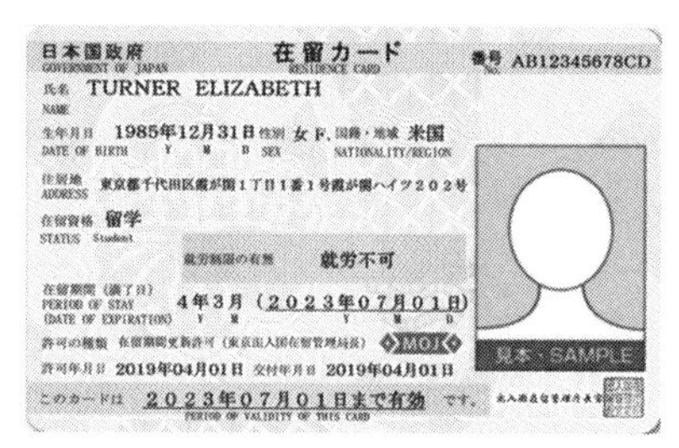

特に注意が必要なのが留学生です。在留カードの在留資格に「留学」と記載がされており、留学生は原則就業することができません。留学生が就業するためには、法務省入国管理局（入管）で「資格外活動」の申請をして許可される必要があります。

カード裏面の「資格外活動許可」欄に“許可”の印があるのかを確認します。
「カードの裏面を確認するだけでいいのね」と思うかもしれませんが、留学生は就労の許可を得ていても週28時間までしか仕事ができません。夏季・冬季の長期休暇など学則に定められた長期休業期間では、「1日8時間以内、週40時間以内」まで制限が拡大される場合もありますが、この制限を知らずに雇用してしまうと思わぬ法律違反をすることになりかねません。

在留資格について詳しく知っておく必要はないかもしれませんが、就労が認められる在留資格、などをまとめた資料を掲載しておきますので、実際に外国人労働者を雇う際の参考にしてみてください。

在留資格一覧表

就労が認められる在留資格（活動制限あり）

在留資格	該当例
外交	外国政府の大使，公使等及びその家族
公用	外国政府等の公務に従事する者及びその家族
教授	大学教授等
芸術	作曲家，画家，作家等
宗教	外国の宗教団体から派遣される宣教師等
報道	外国の報道機関の記者，カメラマン等
高度専門職	ポイント制による高度人材
経営・管理	企業等の経営者，管理者等
法律・会計業務	弁護士，公認会計士等
医療	医師，歯科医師，看護師等
研究	政府関係機関や企業等の研究者等
教育	高等学校，中学校等の語学教師等
技術・人文知識・国際業務	機械工学等の技術者等，通訳，デザイナー，語学講師等
企業内転勤	外国の事務所からの転勤者
介護	介護福祉士
興行	俳優，歌手，プロスポーツ選手等
技能	外国料理の調理師，スポーツ指導者等
特定技能（注１）	特定産業分野（注２）の各業務従事者
技能実習	技能実習生

（注１）平成31年4月1日から
（注２）介護，ビルクリーニング，素形材産業，産業機械製造業，電気・電子情報関係産業，建設，造船・舶用工業，自動車整備，航空，宿泊，農業，漁業，飲食料品製造業，外食業（平成３０年１２月２５日閣議決定）

身分・地位に基づく在留資格（活動制限なし）

在留資格	該当例
永住者	永住許可を受けた者
日本人の配偶者等	日本人の配偶者・実子・特別養子
永住者の配偶者等	永住者・特別永住者の配偶者，我が国で出生し引き続き在留している実子
定住者	日系３世，外国人配偶者の連れ子等

就労の可否は指定される活動によるもの

在留資格	該当例
特定活動	外交官等の家事使用人，ワーキングホリデー等

就労が認められない在留資格（※）

在留資格	該当例
文化活動	日本文化の研究者等
短期滞在	観光客，会議参加者等
留学	大学，専門学校，日本語学校等の学生
研修	研修生
家族滞在	就労資格等で在留する外国人の配偶者，子

※　資格外活動許可を受けた場合は，一定の範囲内で就労が認められる。

■増加している偽造在留カードの危険性

注意したいのが、「偽造在留カード」の存在です。偽造在留カードは近年増加傾向にあり、2013〜2020年の7年間にかけて検挙数は7倍以上になっているそうです。

2023年の9月には、自動車産業を中心に外国人労働者を数多く抱える群馬県太田市で、ベトナム国籍の2人が在留カードを偽造したとして逮捕されました。報道によると、ベトナム国内からの指示と連携し、数千枚の在留カードを偽造していた疑いがあるとのことなので、組織的に偽造在留カードを流通させていることも考えられます。

近年出回っている偽造在留カードは精度が高く、カードを見ただけでは本物と区別がつかないことも多いのだとか。もし偽造の在留カードと知らずに雇用した場合でも、雇用主も罪に問われる可能性が高いので重ねて注意が必要です。

図3－9　偽造在留カード所持等の検挙件数

出典：警視庁「令和2年における組織犯罪の情勢」

■AI社員が偽造カードを見破る

在留カードが本物か、それとも偽造された偽物か？　真贋を見極める手段としてはカードのプログラムを確認する方法がありますが、偽造精度が高いカードでは見分けがつかない場合もあります。そこでAI社員のアイちゃんの出番になります。

AIによる画像判定は、偽物のデータを学習すればするほど精度が上がっていくため、真贋判定のような二者択一の判断に向いています。

弊社が提供する人事労務管理システムでは、在留カードの読み込みにも対応していますが、カードに埋め込まれたICカードの情報を読み込んで情報を照合するため、真贋判定も可能です。

在留期限の確認や期限が迫っている従業員データへのアラート、労働時間管理などもAIが自動で行ってくれるため、外国人を雇用する際のリスクを未然に抑えてくれるのです。

図３－10　在留カード真偽判定も行える人事労務システムの例

① 在留カードに
チップ読取

② 情報表示・真偽判定

スキャン結果とIC情報が
一致しているか確認してください。

有効期限と併せ、目視に必要な項目の
一致を確認し、エビデンス作成ボタンを
押してください。

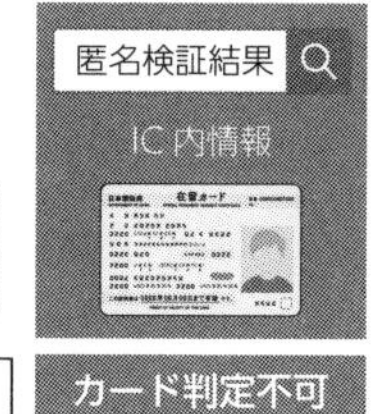

●面・おもて

データ出力　カード判定不可

下記のテキスト検索に、
間違いがないかご確認をお願いします

在留期限	2030年08月01日
在留資格	留学
資格外活動許可欄	原則週28時間以内、風俗営業等の従事を除く

③ クラウドでの
在留データ管理

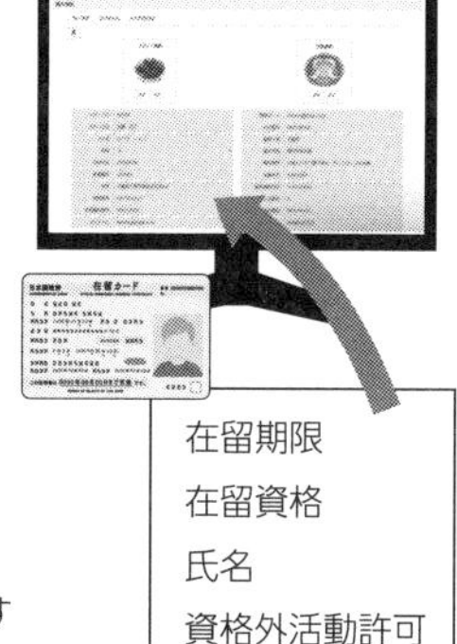

在留期限
在留資格
氏名
資格外活動許可
etc...

オフィスのペーパーレス化はさらに進んでいく

■紙をなくしてオフィスを変える

私個人としても会社としても、とても重要視しているのがオフィスのペーパーレス化です。私が日本とご縁をいただいたきっかけや、父の仕事、故郷への思いなどさまざまな理由があるのですが、そうした物語は後ほど。

最近ではいろいろなところでSDGsの重要性が語られています。気候変動問題が実際に私たちの生活に影響を与えている状況では、地球環境をまったく無視して経済活動を続けようという人は少数派でしょう。

ペーパーレス化というと、環境面への配慮から行われるイメージが強いのですが、もちろん業務効率化の面でもペーパーレスは大きく企業を変える力があります。

■ペーパーレスの実現はDX促進の取り組み

紙の書類がなくなれば書類の束を保存していたファイル棚が不要になります。デジタル化されていればどこにどんなデータがあるのかの検索性も上がるので、必要な資料を探すのにファイルをひっくり返さなくて済みます。

会議の資料が電子化されれば、印刷費も必要なくなります。大量に必要だったコピー用紙ももう購入する必要もありません。

■本当に紙はなくせる？

「そうはいっても紙があると安心」

現金、お札絶対主義の人が多く、電子マネーの普及がなかなか進まない日本ですから、紙の資料や契約書の「実物」があることに安心感を覚える人も多いのは仕方ないことです。

しかし、DXに舵を切った企業では、年齢を問わず「なんでもっと早く導入しなかったんだろう」という声をよく聞きます。

電車に乗るとき交通系ICカードをタッチするだけで改札を通過できることに慣れてしまうと、券売機で切符を買う手間がムダに思えます。最初は本当にこれで改札を通れるのかビクビクしていた人も、慣れてしまえばこれが当たり前になります。

ペーパーレス化も、「実体がない不安（本当は実体はあるのですが）」よりも、紙をなくしたことによる利便性が圧倒的すぎて、「もう戻れない」というのがみなさんの実感です。

ペーパーレス化のためのクラウドサービスを導入した場合どんなことが起きるのか？　少し例を挙げてみましょう。

・すべてがデータとして管理される

資料や書類はすべてデータ化され、WEB上で管理されます。必要になった際には、権限が与えられている人なら誰でも、いつでも、どこでもデータにアクセスできます。もちろん、必要な書類を検索するのも一瞬です。日付やキーワードなどから探すこともでき、同じ書類を誰かに見てほしければ送り先を指定して送信できます。

・雇用契約書もペーパーレス化

人事労務管理システムを導入すれば、従業員のデータをすべてシステム内で管理できるようになります。

何枚にもわたる雇用契約書もワンクリックで発行でき、従業員はその内容をWEB上で確認し、納得したら承認するということもできます。

・給与明細も電子化

電子給与明細は、弊社の提供する人気サービスです。給与明細を電子化することで、面倒な封入作業、郵送、各スタッフへの配布といった作業がワンクリックで済ませることができます。スタッフはログインするだけで、いつでもどこでも個人の明細を確認できます。しかも、当該社員は何年間かのデータを見比べて、自分が成長しているか、給与から見て横ばいになっているかどうかなどを確認でき、納得や反省も生まれるでしょう。

・注文、取引、契約もオンラインで

お客さまとの契約もWEB上で行うことができます。見積書、注文書、請求書等はシステム上でお客さまとやりとりし、電子印が押された文書としてクラウド上に保存され、クリックだけで捺印させたPDF文書をクラウド上で配送できます。

マイナンバーカードは日本国DXの基本

■マイナンバーは国を挙げたDX化

2015年10月に導入されたマイナンバー制度は、日本の国としてのDX化を推進する鍵を握る仕組みです。

今いろいろと世間を騒がせているマイナンバーカードは、すでに全国民に割り振られているマイナンバーが記載されたICチップ付きのカードのことで、公的な本人証明書として使用できるほか、電子証明書やQRコードなどを利用して、さまざまな行政サービスや民間サービスにオンラインでアクセスできる便利な機能を備えています。

■外から見た日本のマイナンバーカード普及率

総務省が公表しているマイナンバーカード交付状況によると、2023年8月時点の日本の全人口に対するマイナンバーカードの交付率は約75.5%です。

各種給付金などを受け取る公金受取口座に、本人ではない家族名義とみられる口座が登録される事例が13万件もあったり、健康保険証利用に関するデータのひも付けミスがあったりと、何かと問題続きで、せっかく発行したマイナンバーカードを返納する人も出てきています。

トラブルの原因のほとんどは、データ入力の際の人為的ミスです。国が取り組んでいることなので、大きく取り上げられるのは仕方がないと思いますが、マイナンバーカードのトラブルが続出したことで「間違いやミスが起きる、デジタル化は怖い」「個人情報保護や監視される気分」などというイメージを持ってしまうとしたら困ったものです。

諸外国から見ると、日本政府のDX化はとてもゆっくりなスピードで進んでいるように見えます。実際に冒頭でいったとおりにとても遅れています。これ以上に遅れたら、国際的な競争力を失ってしまう恐れもあります。

■時間をつくって役所に出向く手間がなくなる

国に個人のプライバシーまで管理されてしまう危険性には十分注意しなければいけませんが、マイナンバーカードが持つ公的個人認証サービスは、もっと普及しなければいけないものだと思います。

マイナンバーカードを持っていることで、本人である証明が公的にできれば、さまざまな行政手続きがインターネットを介して今より安全に行えるようになります。

何かの手続きを行う際に、役所の開庁時間に合わせて日中出向いたり、必要書類が揃わないために何度も出直したり、待ち時間で昼休みが終わってしまって別の日に行かなければいけなかったりという不便もなくなるのです。

人的ミスを含め、セキュリティーや管理のシステム、方法についてはよく考えてもらいたいと思いますが、マイナンバーカードによる本人認証が当たり前になれば、私たちの生活はもっと便利になるはずです。

医師や看護師、そして患者にも必要な医療DX

■病院でもDXが進んでいる？

私たちの身近にある例でのDXを一つ挙げるとするなら、病院を中心とする医療の現場がわかりやすいかもしれません。

誰もがお世話になる可能性がある病院では、患者だけでなく、現場で働く医師や看護師、スタッフがより便利に、快適な環境で過ごせるようにDXが進んでいます。

じつは日本の病院では、1999年から電子カルテが認められるなど、デジタル促進の動きは古くからありました。しかし、データの継続性を重視する病院では、なかなかシステムをガラリと電子化する決断をするところが少なかったというのがこれまでの歴史でした。

しかし、一般企業でもDXが当たり前に行われるようになり、コロナ禍で話題になった医療現場の人手不足、医療崩壊の問題が無視できない状況にあることもあって、電子化を進める病院が急激に増えています。

■たくさんある「病院のムダ」をなくす

厚生労働省もこうした動きを後押しするように『医療DX令和ビジョン2030』というのを打ち出しています。

①全国医療情報プラットフォームの創設
②電子カルテ情報の標準化
③診療報酬改定DX

が3本柱ということですが、これが実現すると私たちの生活はどう変わるのでしょう？　病気になったときにお世話になる病院のDXは誰にでもわかりやすい例になるでしょう。

①全国医療情報プラットフォームの創設

私たちの健康・医療情報は、現在のところ病院ごとにバラバラに保存されています。同じ病気でA病院を受診した際の検査情報や診断は、基本的にはA病院だけのもので、別のB病院に行くと極端な場合、同じ検査をまた別に行わなければいけないこともあります。

全国医療情報プラットフォームが構築できれば、オンライン上で、予防接種の有無や電子カルテ、電子処方箋、検査結果などの情報を共有できるようになります。

患者の同意があれば、医師や薬剤師が情報を共有し、無駄をなくすことでより質のいい医療が提供できるようになります。

②電子カルテ情報の標準化

電子カルテ自体、ペーパーレス化、カルテのDXともいえますが、病院の最大の問題は、人が病気になったとき、どの病院で診てもらえばいいかわからないことかもしれません。どんな病気でも大学病院に行くという人がいますが、その病院で治療を受ける必要がある人が不要に待たされるというムダにつながる可能性もあります。

電子カルテが標準化されていれば、最初は近所の“かかりつけ医”で診てもらって、何か問題があれば大きな病院、専門医のいる病院に紹介してもらうという連携もスムーズに行え、患者、病院のどちらにとっても適材適所の医療が行えるようになります。

③診療報酬改定DX

診療報酬の計算は、医療事務に従事する人の仕事ですが、計算が複雑なうえ、診療報酬改定があった場合の対応が煩雑になりがちです。大きな負担となっている診療報酬をデジタル化、自動化できれば、病院の人手不足、経営の健全化も期待できます。

国でも公共性の高い医療現場でも、一般企業でも基本は同じです。DXによる業務効率化とそれに伴うポジティブな変化は、私たちの生活をよりよく変えてくれるものなのです。

第 4 章

ITオンチでも大丈夫！DXの進め方

なぜ中小企業のDXは進まず、導入しても失敗するのか？

■広がる中小企業のDX格差

すでにご紹介したように、DXは大企業ではすでに取り組みが進み、着手が遅れている中小企業との差が広がっています。第1章で挙げた中小企業の経営者たちのDXを「理解している」人が7.8%、「ある程度理解している」が29.2%であるというデータ（独立行政法人中小企業基盤整備機構の「中小企業のDX推進に関する調査」(2022年5月)）を見ると、やはり理解不足からDXの必要性、重要性が軽視されているのでしょう。

■何をすればDXを進めているといえるのか？

同じ調査では、すでにDXを推進・検討していると答えた24.8%の企業のなかでも、具体的な取り組み内容については

①ホームページの作成…47.2%

②営業活動・会議のオンライン化…39.5%

上位のこれらはDXの前段階でしょう。

③顧客データの一元管理…38.3%

ようやくそれらしくなってきました。でもどんな方法でデータ化しているのか、データがいつでもすぐに使えるようになっているのかが重要です。

④IoT活用…19.4%

⑤AI活用…16.9%

さすがにここまでくると割合が減っています。

⑥デジタル人材の採用・育成…15.7%

専門人材の採用と育成は、DXの準備の準備です。個人的にはDXのためにわざわざ人を雇い入れるなら、システムをAI社員ととらえて置き換えてしまったほうがいいと思うのですが、既存社員がシステムを使いこなし、スタッフ自身がDXするという点では、これも重要です。

■DXの始め方と"見えないハードル"

前述の調査で「DXに取り組むにあたっての課題」の項目を見ても、

・DX・IT関連の人材不足
・具体的な効果や成果が見えない
・予算の確保が難しい

などが挙げられています。

人材不足については、既存のシステムやソフトウエア、アプリケーションの活用である程度解決ができます。また、これらのシステムを使いこなせるようになれば、少なくとも業務効率化は確実に実現するので、自然と成果は見えてくるはずです。予算の確保についても、自前のシステムを開発する、専用システムを一から外注するという方法を採らなければ、かなりリーズナブルにシステムが導入できます。

特に予算に余裕がない中小企業は、DXに対して"見えないハードル"を自分たちで設定して、できない理由を探してしまう傾向にあるのかもしれません。

■変わらなければいけない会社、変わりたくない社員

「今までうまくやっていたのに、なぜ、お金をかけてDXなんてよくわからないことをやる必要があるのか」

DXの導入を検討すると、多くの中小企業では、このような反対の声が上がります。

導入の足を引っ張るのは、だいたい役員や部長といった古参社員です。会議の場などで公然と声を上げる人は少ないかもしれませんが、年齢層も上で、古い仕事のやり方に成功体験がある社員は、DXについていいイメージを持っていないことが多いのが現実です。

なぜ、彼らは反対するのでしょうか？

それは、DXが導入されることで「自分の仕事が奪われるのではないか？」と間違ったイメージを持っているからでしょう。

誰だって自分の経験や知識の中で物事を考えます。特に経験豊富なベテラン社員、自分のやり方で結果を残してきた役職者は、その傾向が強いでしょう。

「自分がそこにいると安心できる安全空間」のことをコンフォートゾーンといいますが、ベテラン、若手に限らず、人間はついついコンフォートゾーンの中で生きることを求めてしまうようです。

■仕事がなくなる古参社員が猛反対をしている

DXにおける最初の関門は、こうした会社に貢献している、またはしてきた社員の反対と非協力的な態度です。

DXという未知のもの、新しいものがやってくることで、自分が無用の長物になるのではないかと恐れている社員。そう、彼らは、怖いから反対するのです。

DX導入によって、自分の存在価値が揺らいでしまう。まだまだ現

役で結果を出しているのに、自分のやり方が通用しないことを認めるわけにはいかない……。「この年齢で他の会社、別の仕事ができるだろうか？　いや無理だろう」という不安と諦めも頭の片隅にあるのでしょう。

■AI社員を優秀な部下、秘書として使いましょう！

本書ではここまで、主に経営者に対し、「DXはあなたのやってきたことを否定するものでも、あなたのノウハウや経営的手腕を不要とするものでもありません。むしろそれらをサポートし、経営者が本来の業務に集中し、力を発揮するための一番の味方ですよ！」とお伝えしてきましたが、"抵抗勢力"になってしまう可能性があるベテラン社員さんたちにも同じことを伝えたいのです。

分厚い紙の手帳でスケジュール管理をしていた時代から、スマホやオンラインカレンダーとの連携で、紙に縛られることなくいつでもどこでもスケジュールが確認できアラームまで鳴らしてくれるようになりました。

DX導入は、自分の仕事以外にも、管理や育成といったさまざまなタスクを担う管理職、ベテラン職員がもっとも信頼できる部下、秘書を置くことにもなるのです。

フランスの哲学者アランは、

「心配性とは想像力を敵に回してしまった人のことだ」

といっています。

一つの心配事があると、十個先の心配事まで想像してしまい、まさに勝手に想像して勝手に怖がってしまう、そういうことが古参社員たちにも起こっているのです。

DX化のメリットを古参社員に説明し、取り越し苦労を取り除くことで、スムーズにDXを導入できるはずです。

■なじみの社労士を切れない

DXに消極的な経営者に「なぜ導入したくないんですか？」とざっくばらんに聞いたとき、よく返ってくる答えが「社労士に任せているから」というものです。

社会保険労務士法に基づいた国家資格者である社会保険労務士（社労士）は、企業としては主に給与計算と社会保険の事務手続きをお願いする人という関係が多いでしょう。

経営者にしてみれば、長い付き合いで会社の業務のことも、給与体系のこともよくわかっている、何よりも人間的な関係もできている社労士を切って、システムを導入するのは気持ち的にもすぐには割り切れないという思いもあるでしょう。

ビジネスにおいては、人間関係を大切にすることはとても重要なことだと思いますが、社労士や公認会計士、税理士などの士業はまた少し別の枠ではないかと思います。

そもそも社労士や公認会計士、税理士に一部の業務を委託しているのは、その業務の専門性が高く、自社の社員ではできない、または何かあったときのために専門家に任せている安心感がほしいこともあると思います。

■“腐れ縁”は切ってもいい縁かもしれません

いまや日本中でリゾートホテル、温泉旅館、都市観光ホテル、スキー場などを運営する星野リゾートの社長である星野佳路さんは、先代から続く軽井沢の旅館「星のや」を継いだとき、周囲の反対を押し切って大きな改革をしたそうです。

外資系リゾートが日本に進出してきて、日本の昔ながらのやり方だけではこれに太刀打ちができません。

星野社長が真っ先にやったのは、古くからの従業員や取引先を一掃することでした。先代からお世話になった人間関係をいきなりすべて断つのは、苦渋の決断だったと思いますが、その決断によってこれまでとはまったく違う方法で進められた星野リゾートの改革は大成功を収め、みなさんご存じの現在があるのです。

ここまで極端なやり方をすべての人に推奨はできませんが、時代の変化によってビジネス環境が大きく変わっている現在、自分のお尻に火がついているのに、これまでの付き合いと心中するのはナンセンスです。

私がいいたいのは、社労士、公認会計士、税理士が必要ないということではありません。少なくとも人事・労務・総務・経理、給与計算などの業務をシステム化することで、まったく専門知識を持たない一般社員が、自分のスマホで必要事項に記入し、契約を確定させ、勤怠管理を記録し、残業を申請することで、給与は自動的に、しかも正確に計算され、そのプロセスは権限に応じて随時承認、確認ができるようになるのです。

もう一つ、専門家はその専門のことは完璧にこなしてくれるかもしれませんが、会社の業務はすべてつながっています。

社労士は、給与計算はしてくれますが、勤怠管理はしてくれません。当たり前ですが、勤怠管理や残業の申請に漏れがあればそのミスのままで給与が計算されます。

システム化されていれば、担当者が気付いた時点で差し戻し、再度申請してもらったり、どの部分でミスが起きたのかを確認することも簡単にできます。

まったく関係を絶つことが最善とは思いませんが、社労士には社労士にしかできない仕事、公認会計士、税理士にもその専門家にしかできない、より企業の未来に貢献するような生産的な仕事をお願いするのがいいでしょう。

■実際問題、「ITオンチ」な経営者は多い！

「劉さん、私が全然わからないことを取り入れるのは難しいよ」

ご自身がITオンチで、技術のことがまったくわからないと正直に不安を告白する経営者もいます。

帝国データバンクの全国「社長年齢」分析調査によると、2022年の社長の平均年齢は約60.4歳です。また別の話ですが、2022年の後継者難倒産は過去最高487件というデータもあり、過去最高を更新した「社長の高齢化」はやはり深刻です。

■スマホを使うのに仕組みを知っている必要はありません

私に、「DXどころか何がどうなると業務効率化につながるのかわからないよ」と愚痴をこぼしていた経営者には、「社長がすべてを知っている必要はないですよ。社長の本来の、一番大切な仕事ってなんですか？」と質問することにしています。

スマホを使いこなすのに、スマホの仕組みを完璧に理解する必要はありませんよね。それよりもスマホを使って何をしたいか、何ができるのかのほうが重要です。組み立て方を覚えることよりも、例えばビデオ通話したい、昨日見逃したドラマが観たい、マイナポイントの申請をしたいという目的のほうが大事なのは私たちの普段の生活でも同じです。

■DXによって実現したいことは何か？

・会社の負担になっている"目に見えないコスト"を洗い出したい
・従業員の仕事の負担を軽くしたい
・バックオフィスのコストをカットしたい
・生産性、製品開発力を向上させたい

RPAやAIの導入は上に挙げた経営者ならみんなが望んでいると思われることを実現するための方法、手段でしかなく、その方法の詳細な仕組みやプロセスをすべて把握する必要はありません。

DXによって、社員が本来やるべき適職を見つけられる、よりダイレクトに業績に貢献するクリエイティブな仕事ができるようになる点をDXのメリットとして話しましたが、これは経営者にもいえることです。

■社長が本来すべきことに専念できる

DXが導入され、社員自らが積極的にかかわることでバックオフィスを省力・効率化することができれば、経営者が気にかけなければいけない業務の割合が減ります。
私自身の経験からも、社長の精神的負担はバカにできないと思うのですが、社長の心身に余裕ができることで
・社長自身がお客さんと向き合う時間が増える
・社内管理ではなく、マーケティングの比重を上げることができる
・新規顧客の開拓などの営業戦略を練る時間が増える
・既存社員はもちろん、新卒や中途採用などの人材を直接業績にかかわる業務に配置できる

例えばこのようなことができるようになります。

経営者、経営にかかわる管理職のみなさんにもよく考えてほしいのですが、これらのメリットに、「ITや最新機器、プログラムがわからないと困るもの」ってありますか？

すべて、経営、ビジネスのプロであるみなさんが本当はやりたいこと、日々の雑務に追われてなかなか腰を据えて取り組めていないことではないでしょうか？

DXは、あなたの会社を発展させるために、「未来に投資する時間」を捻出してくれる強力な助っ人であり、その助っ人の力を借りるのに、社長自身がITに関する知識を持っている必要はまったくといっていいほどないのです。

■知らないことの「怖さ」

「社長は別にいいかもしれないけど、社員の中にはテクノロジーに通じたDX人材が必要では？」

こちらもDX導入を躊躇する企業からよく聞こえてくる不安の声です。

たしかにDX人材を育てることは重要です。しかし、DX人材とは一体なんでしょう？

前述の「DXに取り組むにあたっての課題」で、「DX・IT関連の人材不足」と答えた企業の念頭にあるのは、ベンダーにお願いしてシステムを一からつくるにしても、すでに完成しているシステムをカスタマイズして利用するにしても、ベンダーが提供するパッケージ製品をそのまま使うにしても、「こうした技術に詳しい人材が社内にいるべき」ということでしょう。

■専門知識を持った担当者は必要か？

これもやはり経営者にヒアリングしてみると、意外に根深い問題だなと感じます。というのも、自分にとって未知の世界であるシステム導入について、経営者は「知らないからだまされるのでは？」「相場観がわからないから高額なシステムを買わされてしまうかもしれない」といった警戒心が働いているようです。

たしかに、相手に知識がないことを利用して、専門用語を駆使して高額な見積を出してくる業者もいるかもしれませんが、オープンソースやクラウドサーバーなどが普及した現在では、他社と比較できないほどの独自性と優位性を持っていて、飛び抜けて高額なシステム開発というのはほぼあり得ません。

いくつか資料を取り寄せ、実際に会って話を聞くにあたって重要なのは、先ほど述べたように、「何をしたいか」をしっかり伝え、「何ができるのか」をしっかり質問することです。

相手は「どう実現するのか？」の、テクノロジーやプログラミングの優位性を訴えてくるかもしれませんが、どんなにシンプルな方法でもその企業がやりたいことが実現できれば、それがその企業に一番必要なシステムということになります。

図4－1　DXに取り組むにあたっての課題（従業員規模20人以下）

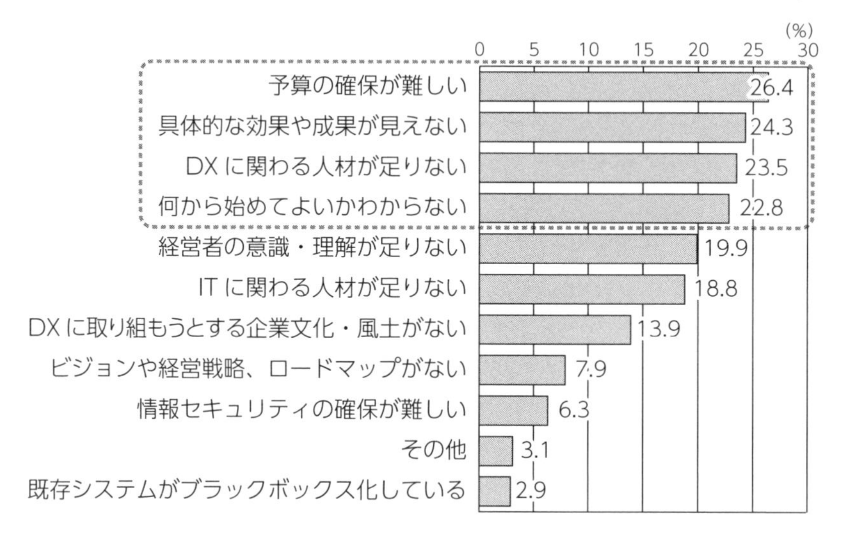

出典：独立行政法人　中小企業基盤整備機構　中小企業のDX推進に関する調査（2022年5月）より

DX推進に際しての考え方

■"DX人材"ってなんでしょう？

　多くの企業が不足していると感じている「DX人材の採用、育成」について、私は次のように解釈しています。

　DX人材とは、DXに詳しい、IT、ツールが扱えて、プログラムが書ける人材のことで、デジタル化された仕事のやり方や、自分の業務にかかわるシステムを能動的に使いこなし、それまでの"当たり前"

をアップデートできる人材でもあります。まさに既存の社員、従業員自身がデジタルの力でトランスフォーメーションしていくこと自体が、DX人材の育成につながります。

■システム導入の始め方

中小企業の現実的な「DXの始め方」としては、やはりシステムの導入が一番理に適っていると思います。二の足を踏むよりDXの第一歩としてまず、既存業務にシステムをどう使えるかという視点で専門の業者に相談してみるといいでしょう。

システム導入のメリットについてはすでにたくさん説明してきましたが、では、どんなシステムをどんな業者にお願いして導入していくのがいいのでしょう？

■すべて一からつくる必要はない

いわゆる"既製品"を利用すると、「うちの業務に合わせたやり方ができない」「これまで培ってきたノウハウを、業務改善のシステム都合で変えたくない」というアレルギーもあるでしょう。「専用のシステムを開発した」というと、なんだか業績が急に上がりそうな気がしますし、自分たちの会社にあった開発ができると思いがちです。

しかし、何もないところからシステムを構築する、または自社に古くからあるシステムをなるべく有効活用してシステム化するというのはじつは危険信号。本当に"事故"が起きやすいのです。

メガバンクのシステム障害はなぜ頻発する？
IT界のサグラダ・ファミリア

名前を出して恐縮ですが、メガバンクの一つ、みずほ銀行は大規模なシステム障害が頻発する銀行という不名誉な印象を持たれています。実際に、2002年に開業する際の大規模障害、2011年の東日本大震災後の大規模障害、2021年にも大規模障害が起きるなど、他のメガバンクに比べても障害が多い銀行であることは事実です。

なぜみずほ銀行で大規模障害が起きるのか？　みずほ銀行は、もともと第一勧業銀行、富士銀行、日本興業銀行の3つの銀行が合併してできた銀行です。開業時の障害は、異なるシステムを採用していた3つの銀行を統合した際に、十分な稼働テストを行わなかった点が挙げられています。

その後も合併の後遺症というか、古いシステムを残したり、3つの銀行のやり方が混在していたことなどから、みずほ銀行のシステムの“悪い伝統”が引き継がれ、システムのブラックボックス化、莫大な費用をかけても一向に完成しない統合システムは「IT界のサグラダ・ファミリア」といわれていました。

別の会社が別の言語で開発？
一大プロジェクトが水の泡に

みずほ銀行の場合は、その規模が大きすぎたために起きた例ともいえます。同じような例では、東京ガスが、コールセンターの電話受付内容を管理するシステムと、関連会社が利用するガス機器の販売、修理、開閉栓などの業務支援システムを統合しようとしたプロジェクトの失敗があります。

約30億円の予算で2003年3月に始められた開発は、完成予定の2004年10月になっても完成のめどが立たず、さらに開発コストが予算の倍以上に膨れあがっていたそうです。

2006年3月、東京ガスは、この統合システムの開発を諦めて、当時の代表取締役社長が月額報酬の20%を返上する事態にまで発展しました。

こちらも複数の請負業者が、異なる開発言語で書いたプログラムを統合するという縦割りプロジェクトだったことが失敗の一因ということです。

■システム管理ではなくプロジェクト管理を

技術や言語に詳しく、自分でプログラミングができるDX人材は必ずしも必要ないと再三お伝えしてきました。私も、弊社のシステムエンジニアに比べたらまったく知識を持っていません。

もちろんIT企業の社長ですから、それなりの知識はあります。でも、プログラミング言語を駆使してソースコードを自分でバリバリ書けるかというとそんなことはありません。

大切なのは、開発にかかわるプロジェクトの管理ノウハウです。

IT、DXでも商品開発でもマーケティングでも営業でも、大切なのは、プロジェクトを管理することでしょう。

DXだからといってそこに特別なことはなく、「なぜこれが必要なのか？」「どうすれば実現できるのか？」「完成した後どう使うのか？」に集中して、それを実現してくれる業者やシステムエンジニアを選定するのがプロジェクト成功の近道でしょう。

■1つの部屋で実現するのと3つの部屋をつくることの違い

「プログラムの善し悪しはちっともわからない」という経営者に向けて、プログラムとはどういうものか、なぜ失敗したり成功したりするのかが少しだけわかる面白い話があります。

> あなたの会社に一つ使っていない部屋があります。
> ある社員に「この部屋を8人で使える会議室にして」と指示しました。社員は、テーブルと8脚の椅子を用意し、会議ができる状態にしました。
> 次に、「8人がパソコンを使って作業できる部屋にして」とお願いしました。部屋には8台のパソコンが運び込まれ、作業ができる状態になりました。
> しばらくすると「会議の時用に大きなディスプレイが必要になったからそれも揃えておいて」とお願いしました。
> 部屋には大画面ディスプレイが設置されました。
>
> この話を聞いて、8脚の椅子を運んだ部屋と、8台のパソコンを入れた部屋、大画面ディスプレイが設置された部屋が別々の部屋だと思った人はどれくらいいるでしょう?
> 普通は同じ部屋の模様替えだと思うでしょう。しかしシステム開発の現場では、機能を実現させるためにそれぞれの部屋をつくるということが頻発するのです。

■重要なのは“設計”の考え方

優れたシステムは、お客さまの要望が膨らんでいても、1つの部屋に8脚の椅子とパソコン、大画面ディスプレイを詰め込んで、用途に応じて使い分けることができます。しかし、うまく行かないプロジェクト、ダメなシステムは、同じことができたとしても部屋が3つできてしまっているのです。

何かの命令を実行するとき、数千行のコードを書いて実現することもできますが、数行のコードで同じことをできてしまうのがプログラムの不思議です。数行は大げさかもしれませんが、短くてシンプルなコードのほうがミスが少なく、メンテナンスもしやすい。これがプログラミングに対する考え方です。

特にプログラマーや開発者を見ていて思うのは、プログラミング言語はよく勉強していますが、システムの設計については教えられていないということです。

初めにしっかりと設計の概念がないまま始められたプロジェクトは、みずほ銀行や東京ガスのような大規模プロジェクトだけでなく、中小企業の経理システムでも必ず問題や不具合を起こす引き金になります。

臨機応変とその場しのぎの違いを理解する

■臨機応変に進められる「アジャイル開発」

少し専門的な話になりますが、システムの開発については、アジャイル開発とウォーターフォール開発という2つの主要な手法があります。

ウォーターフォール開発はその名前のとおり、上流から下流に水が流れるように計画を先に決めてそのとおりに進める手法です。一方のアジャイル開発は、必要な機能ごとに小さなサイクルで開発をしつつ、クライアントのフィードバックを取り入れながら開発を進める手法です。

設計の重要性はすでにお伝えしましたが、DXに初めて取り組む中小企業などでは、最初から業務効率化に必要なすべての機能を盛り込んだ完璧なシステムの要件をつくることは不可能です。その点、アジャイル開発であれば、要件変更にも対応しやすく、実際に役立つ機能だけに絞って開発が可能になるため、DXに取り組み始める中小企業にはアジャイル開発が適しているといえそうです。

■"その場しのぎ"の危険性

弊社が提供しているシステムも、お客さまのニーズに合わせてカスタマイズしながら適応させていく点では、アジャイル開発の手法を採っています。お客さまの業界、業種、固有のノウハウなどを組み込み、臨機応変にシステムを変更することが、使い勝手のいいシステムの完成に近づく唯一の方法です。

ただし、アジャイル開発は、要件がどんどん変更できるため、なかなか完成しないことがあるという問題点もあります。実際に、アジャイル開発でスタートしたプロジェクトが、度重なる要件変更のため開発期間が長期にわたり、その間にビジネス環境の変化が起きてそもそもそのシステムが必要なくなったという話も聞きます。

要件変更が容易だからといって、全体の設計を無視して、次々に出てくる要望にその場しのぎで応えていくようでは開発は失敗してしまいます。短いサイクルで開発を繰り返すため開発コストが抑えられるのがアジャイル開発のもう一つのメリットですが、システムをコントロールできる設計者が存在しないと、なかなか完成せずに当初の予算をオーバーしてしまいます。

■システム開発、選択のポイント

私たちの会社では、基本的にはすでに完成したシステムをお客さまのニーズに合わせてカスタマイズする方法でサービスを提供しています。私たちの提供しているシステムは、そのどれもがお客さまの現場のお悩み、問題点、課題を解決するためという目的からスタートしています。

つまりシステムを導入すれば、自然とよくある問題、課題を改善できるようにつくられているということです。システム導入ありきではなく、どう業務が改善できるか、効率化できるかの事例に沿ったシステム開発がすでにされているのです。後は業界や業種、企業ごとの違いで使い勝手をよくするカスタマイズを行えばお客さまに最適なシステムの完成です。

業者を選んで開発をするにしても、すでにあるシステムを利用するにしても、現場でどう使うのか？　何が改善され、どう効率化できるのか？　これらの点を明確に示してくれて、自社の特殊事情にも対応してくれるシステム開発を選択することが重要です。

第 5 章

DXは人を生かし、会社を強くする

まだシフト管理で店長を苦しめているの？

■店長を苦しめる「シフト管理」

毎月必ず誰かが作成しなければいけないけれど、誰もがつくれるわけではない。店舗で働くパート・アルバイトの予定や希望を聞いて調整しなければいけないが、絶対に穴はあけられない……。

シフト表の作成は、かなり長い間、店長さんの最大のストレス要因でした。

スタッフ全員の希望を完璧にかなえることはほぼ無理ですが、公平性が求められ、シフトが決まった後に急な変更が入ることもしばしばです。ただ単にシフトを埋めればいいというわけではなく、お店の作業の種類やピークタイムなど、微に入り細に入り把握して、必要なスタッフの頭数を用意する必要があるし、決められた予算のなかでの時給管理も必要です。

これを一人でこなすのは、本当に大変です。

「店長のなり手がいないんですよ」

お客さまへの事前ヒアリングで困りごとを聞くと、かなりの確率でこの答えが返ってきます。

つまり、店長の仕事は大変すぎてなりたがる人がいない。会社としても、店長の仕事をすべてこなせるような優秀でタフな人材はなかなか見つけられないというのです。

■店長を四六時中悩ませるシフト表

シフト管理は、全員分のシフト希望が提出されないと組み始められないこともあって、自分のペースで集中できる作業ではないことも店長を苦しめていました。

通常なら「この作業は2時間で」などと各作業の所要時間が割り出せますが、シフト管理はその都度修正が入るのでそうもいきません。店長に「シフト管理にかかる時間はどれくらいですか？」と聞くと、「作業自体は１～２時間」という答えが返ってきますが、細切れに時間をとられるうえに、四六時中来月のシフトのことが気になっているという店長も珍しくないのです。

図５－１　シフト管理画面の例

シフト管理　作業内容管理　勤怠パターン管理　スタッフ時給設定

所属部門：　日付 2023/07/03　先週　来週　一括処理　印刷　日　週　月　カレンダー

スタッフ名	合計	2023年07月03日(月)	2023年07月04日(火)	2023年07月05日(水)	2023年07月06日(木)	2023
営業　デモ 公休：0回	29:00	×	出勤 09:00～18:00	公休 09:00～18:00		夜 23
デモ　花子 公休：0回	41:00	出勤 09:00～18:00	出勤 09:00～18:00	出勤 09:00～18:00		
インターン 公休：0回	00:00					
高澤　太郎 公休：0回	37:00	公休 09:00～18:00	夜勤 23:00～05:00		夜勤 23:00～05:00	

■店長が本来の業務に集中するために

私が勤怠管理機能を充実させた人事労務管理システムを開発しようと考えたのは、こうした店長のお悩みを解決しようと思ったことがきっかけでした。

私たちが開発した勤怠管理・シフト工数管理JANGAクラウド『SURUPAs』は、従業員がスマホやPCからシフトの希望を自己申請できます。管理者である店長は、申請を元にシフトの組み合わせが簡単にできるようになっています。

写し間違いや打ち間違いも当然なくなり、シフト作成と調整に使っていた時間を本来の店長の仕事である売上アップ業務に専念できるようになります。これこそDXによる業務効率の本当の価値ではないでしょうか。

■予算と実績を比較して労働を効率化

店長の頭を悩ませ続けてきたシフト管理は、じつはビジネス面でも店舗運営の鍵を握っています。

ピークタイムに合わせて人を増やし、暇なときはなるべく少人数でさばくのは当たり前ですが、複数店舗を保有するチェーン店なら、集中と選択の重要性がさらに増します。

これまでの実績に応じて働き方の状況を把握し、店舗の予想売上に応じて働く時間をコントロールするといった予実管理が行えます。

シフトに対して実績の経営目標を達成できそうか、もしくは軌道修正が必要かどうかを、支店別・部署別に確認することもでき、経営に有効な差異分析も自動化されています。

生産性が向上すれば、総労働時間を減らすことができます。そのうえ、売上は増えるとしたら、こんなによいことはありません。

図5－2　予算と実績を管理する予実分析の例

予定と実績を比較する、**予実分析**の機能も搭載中！
予定に対して、実績がどのくらいあるのかをシステム上で集計し、
数字とグラフで一目で確認！

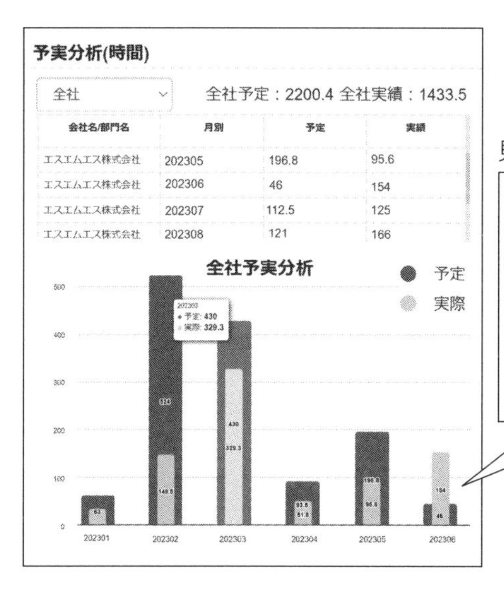

見えるデータ

予定：2200.4 時間
実際には、1433.5 時間で終了

◎結果
・**766.9 時間の削減**
①業務効率化：**約 65%**作業時間削減
②経費削減：**766.900 円**／月（1 店舗）

■スタッフをシェアするって？

多数のチェーン店を抱える企業に「店舗ごとにスタッフを雇うのではなく、スタッフの都合に合わせてどの店舗でも働けるようなシステムを導入しては？」と提案したことがあります。

アルバイトの「ヘルプ」はよくある話ですが、自分の行動圏のなかで好きな場所で働けるなら登録しようという人は増えるでしょう。この提案にはいいリアクションが返ってきたのですが、もう一歩踏み込んで「他のお店で働いている人でも働けるときに働いてもらうシステムもいいですよね」というアイデアを披露したのですが、そちらへの反応はイマイチでした。

私の提案は、店舗ごと、企業ごとの採用ではなく、近隣のさまざまな企業が「人材を共有する」というものでした。

シフトの調整は希望さえ出してもらえればAIが自動でやってくれます。技術的には実現可能なのですが、そこは「せっかく教育したスタッフを他の会社に取られてしまう」心配や、「自社を優先してほしい」という従来の常識から、驚いた顔をされたのを覚えています。

■テクノロジーが実現する新しすぎる働き方とは

この提案をしたのは少し前のことですが、場所やスキル、モノなどを必要な人に提供したり、共有したりするシェアリングエコノミーの考え方が出てきたり、複業、フリーランスを重視する社会になったことで、状況はだいぶ変わっています。

すでに面接なしで「スキマ時間」をうまく使える単発、超短期のアルバイトマッチングサービスが提供されていて、開始前に心配されていたアルバイトの質の低下や責任感の欠如などの問題は、テクノロジーと仕組みで解消されています。

私が考えたのもまさにこのシステムです。ドラッグストアのスタッフなら、ドラッグストアで経験する業務をスキルとして数値化し、雇用先店舗の評価を共有します。優れたスタッフはたくさんシフトに入れますが、評価の低いスタッフはなかなかシフトに入れません。シフトに入りたければ努力してスキルを身に付けたり、評価を参考に問題点を改善していくしかありません。

アメリカ発の世界規模配車サービスUberやそこから派生したUber Eatsもこうした仕組みを取り入れたサービスです。

ちょっと提案が早すぎたかもしれませんが、DXが当たり前になった世の中では、こうした働き方がスタンダードになっていくでしょう。

図5－3　Uberの仕組み

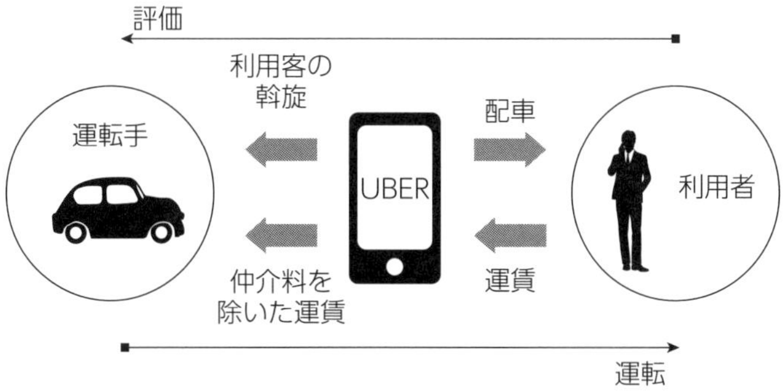

■シフト管理は労働基準法にも配慮しなければならない

必要なところに必要なだけ人の手当てを行うことで効率化を図る「シフトづくり」は、まさに店長が経営目線で自分の店舗を見るために役立ちます。総労働時間を減らし業績を上げる効率化は重要ですが、シフト管理にはもう一つ気をつけなければならない重要なポイントがあります。それは、従業員の諸条件による法定労働時間です。

すでにご紹介したように、中小企業においても月60時間を超える時間外労働割増賃金率が引き上げられました。このことを知らず、または計算式を変えないまま給与計算をしていると、思わぬところで人件費がかさむことになります。

予実管理機能も網羅しているシフト管理のシステム化は、こうした問題も未然に防いでくれます。

有給休暇の申請についても、当社の提供するするシステムではシフト申請と一体化しているので、従業員自身が有給の残日数を把握してない場合でも、自分のスマホですぐに確認できます。残りがない場合は申請できませんし、反対に未消化の場合は有休取得を促すアラートを出すことも可能です。

シフトを勤怠管理システムとして管理すれば、勤務先が複数ある場合、営業先での勤務がある場合でも勤務時間の管理が正確にできます。

運送業や建設業には【2024年問題】というものがあります。これは、2024年4月から、建設業や運送業（自動車運転手のみ）にも、時間外労働の上限規制が適用されることです。政府が推進する働き方改革の一環として、2019年4月に施行されたものですが、これらの業種には5年間の猶予期間が設けられていました。しかし、猶予期間はもう終了し、厳しい規制が課せられることになるのです。

この問題に対処するには、従来のような人的な体制でのぞむには無理があります。システムによる管理体制をバージョンアップしないことには対処できないのです。

図５－４　システム化による勤怠管理の実際

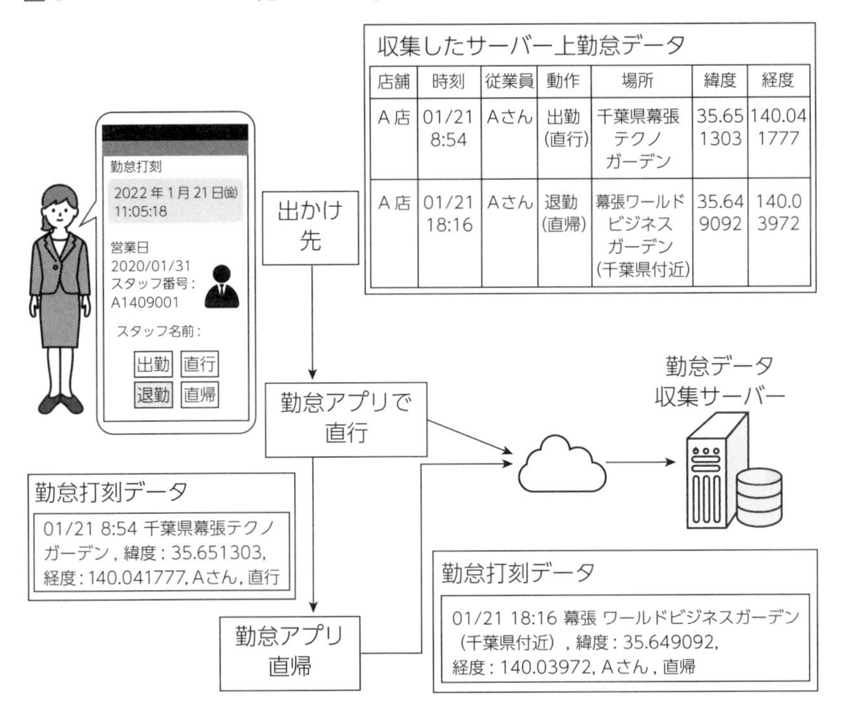

■留学生の勤務時間制限

法定勤務時間で複雑なのが、すでに紹介した外国人労働者にあたる留学生を雇用している場合です。

留学生の場合、在留カードの裏面に押してある許可印に続いて「原則週28時間以内・風俗営業等の従事を除く」などの特記事項が記載されている場合があります。

つまり週5日勤務で契約していたとしても、1日5～6時間勤務までしか働けないのです。学業の合間に勤務する留学生は、短時間の勤務が多くなるでしょうから、週に働いた時間の管理も大変です。

また、留学生にも複数の勤め先で働くダブルワークが認められていますが、「週28時間以内」はすべての労働時間の合計なので、ダブルワーク先での勤務時間も申告してもらう必要があります。

規定時間を超過して就労させてしまうと当然、雇用主が罰せられるわけですから、労働時間の管理は厳密に行わなければなりません。これがシステム化されていれば、打刻システムによって労働時間の実態が一目瞭然ですし、そもそもシフトを組む時点で、勤務時間が規定時間を超えないような設定にすることも可能です。

「あのスタッフは留学生だけど、こんなにたくさんシフト入って大丈夫かなぁ？」

店長さんの悩みも、しっかり可視化され、共有されることになります。

留学生の勤務時間については、もう一つ留意しなければならないことがあります。それは、外国人留学生が日本でアルバイトするためには「資格外活動許可」を取得する必要があり、この許可を得ていないのにアルバイトをすると「不法就労」となり、本人ばかりではなく雇用した事業主も刑法犯の対象となってしまいます。

また、外国人労働者・留学生アルバイトを雇用する場合には、雇用状況を届け出なければなりませんし、毎年勤務状況を報告する義務があります。

外国人留学生が就労時間を守らず法律に違反した場合は、「不法就労」となり強制送還の対象となりますし、留学生を雇用した事業者には「不法就労助長罪」が適用されてしまうのです。一生懸命働く留学生の労働を支援しようとする善意の雇用主が、留学生を雇用する際に不法就労であることを認識していなくても、3年以下の懲役、300万円以下の罰金、またはその両方の罰則が課される可能性もあるのです。

こうした問題に対処するには、システムで管理するほか方法はないでしょう。

奥さん経理、奥さん専務の本来のあり方

■奥さん専務が怖い理由

日本の中小企業では、旦那さんが社長で、奥さんが専務としての肩書を持ち、実際は経理を担当しているというケースをよく見聞きします。

あるIT会社の奥さんと話をしていたときのことです。従業員10人以下の会社ですが、エンジニアを雇ってしっかり事業を展開している会社の経理担当がこの奥さんです。

ちょうど、月60時間超の時間外労働に対する割増賃金率アップが中小企業にも適応されることが話題になっていたので、「奥さんのところは大丈夫ですか？」と聞いてみました。

「うちは大丈夫よ。残業はまったくないから」

残業がないなんて素晴らしい！　うらやましい！　業務効率化が進んでいるんだなぁと感心すると同時に、あまりに法改正に興味がなさそうだったので、「ちなみにどんなふうに給与計算しているんですか？」と聞いてみました。

「わが社は簡単ですよ、残業しないため、月給制で1日休んだら1日控除。だから残業になりようがないのよ」

それを聞いて私は青ざめました。

知識がないがために、このような「どんぶり勘定」での運用が常態化し、労働基準法に違反している中小企業はじつはたくさんあります。

社長である旦那さんは、人件費はなるべくエンジニアに使いたい。奥さんに経理をやってもらえれば何かと助かる。奥さんはもちろん善意で“お手伝い”をしているので、専門知識はないけれど自分なりに会計ソフトを使って給与計算などをしているのかもしれません。

「たまたま社長の妻だから経理を担当している」
これはもう、すぐにでもやめるべきだと私は思います。
以前は専門知識がないなら、専門家に任せるのが普通でした。でも今は専門知識を補ってくれるシステムがあります。システムを導入すれば、奥さんが会計ソフトとにらめっこする必要もなく、計算ミスもなくなり、何より法律違反も是正できます。
奥さんを会社業務から解放してあげることは、奥さんのためでもあり、会社を守ることにもなります。

■奥さん専務にも活躍の場を！

だからといって私は「奥さんはご退場ください」といっているわけではありません。日本的な家族経営、一族経営を批判する声はありますが、私の姪の活躍をご紹介したように、家族であるつながりをビジネスに生かす方法はいくらでもあります。
私がいいたいのは、経理の知識がまったくない奥さんに経理をやってもらう方法が間違っているということです。せっかく奥さんに仕事を任せるなら、もっと意味のある仕事、企業の利益にかかわるような仕事を任せたほうが絶対にいいのです。
企業のDX推進というと、なんだか無機質な経営合理化、家族を働かせることを否定するような感じがするかもしれませんが、DXが進むことでやらなくていいことをやらなくて済むようになり、結果として結びつきが強く、定着率が高い（はずの）家族が力を発揮するのです。
雑務に追われていた奥さん専務を解放した結果、奥さんがマーケティングや営業で思わぬ力を発揮するようになったら、こんなに心強い味方はいません。最も信頼できる人に企業の利益になる仕事を任せるほうがよほど理に適っていると思いませんか？　しかも、会社の持続的成長も手に入れることもできるのです。

女性が活躍すれば日本経済は再生する

■日本の男女格差は世界125位

世界経済フォーラム（WEF）が、政治参加、労働環境や賃金格差などの男女格差を総合的に測ったジェンダーギャップ指数というのがあります。このランキングが発表されるたびに、日本でも話題になるのですが、2023年のデータでは日本は過去最低の125位。先進7カ国（G7）のなかで最下位なのはもちろん、105位の韓国や107位の中国など近隣諸国よりも低い結果です。

ジェンダーギャップ指数を算出する指標には、経済、教育、健康、政治の4つの分野があるのですが、日本はいずれも低い水準にあります。

表5－1　ジェンダーギャップ指数2023年
各分野における日本のスコアと順位

分野	スコア	順位
経済	0.561	123位
教育	0.997	47位
健康	0.973	59位
政治	0.057	138位

Global Gender Gap Report 2023より

世界的に見てもまだまだ男女格差が大きい日本。私も女性サラリーマンとして、経営者の一人として、この数十年もどかしさを感じるとともに、「なんで変わらないのだろう？」と不思議な気持ちでいました。

歴史的なこと、日本社会のこれまでのあり方、家族観、働き方などいろいろな理由があると思いますが、業務の効率化、適材適所の活躍を可能にするDXが、日本の男女の働き方をトランスフォーメーションしてくれる大きなポイントになるのではないでしょうか。

図5－5　内閣府によるジェンダーギャップ指数のまとめ

・スイスの非営利財団「世界経済フォーラム」が公表。男性に対する女性の割合（女性の数値／男性の数値）を示しており、**0が完全不平等、1が完全平等**。
・**日本は146か国中125位。「教育」と「健康」の値は世界トップクラスだが、「政治」と「経済」の値が低い**。

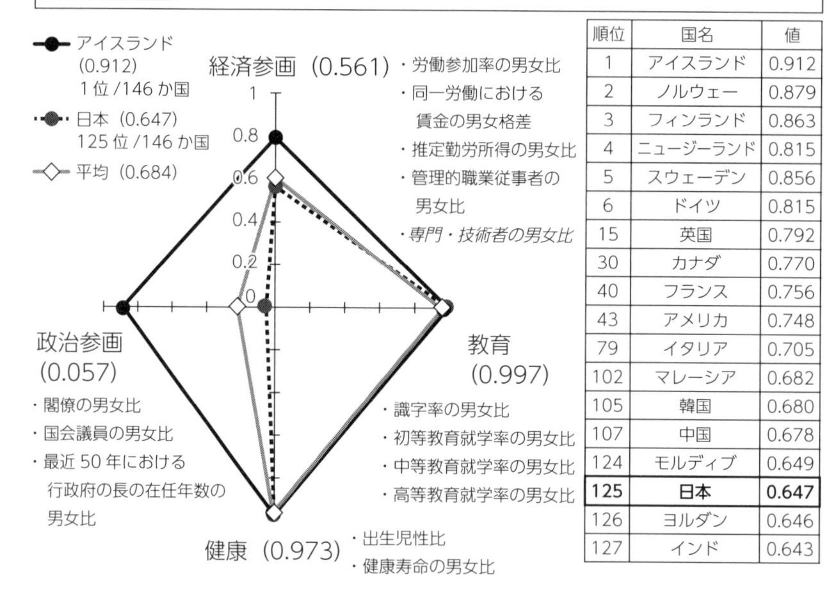

順位	国名	値
1	アイスランド	0.912
2	ノルウェー	0.879
3	フィンランド	0.863
4	ニュージーランド	0.815
5	スウェーデン	0.856
6	ドイツ	0.815
15	英国	0.792
30	カナダ	0.770
40	フランス	0.756
43	アメリカ	0.748
79	イタリア	0.705
102	マレーシア	0.682
105	韓国	0.680
107	中国	0.678
124	モルディブ	0.649
125	**日本**	**0.647**
126	ヨルダン	0.646
127	インド	0.643

（備考）1. 世界経済フォーラム「グローバル・ジェンダー・ギャップ報告書（2023）」より作成
2. 日本の数値がカウントされていない項目はイタリックで記載
3. 分野別の順位：経済（123位）、教育（47位）、健康（59位）、政治（138位）

出典：内閣府男女共同参画局「男女共同参画に関する国際的な指数」

■依然として女性管理職が少ない日本

2016年に女性活躍推進法が施行されるなど、私が起業した頃に比べれば、日本でも女性経営者が増えてきたように感じますが、それは「女性経営者がメディアで取り上げられているから＝珍しい特別なことだから」ということの裏返しかもしれません。

男性の育児休暇取得の推奨など、女性が働きやすい環境づくりを目指した動きはありますが、日本のビジネス全体での女性の活躍はまだ少ないのが現実です。

帝国データバンクの2022年の調査によると、日本の企業での管理職（課長相当職以上）に占める女性の割合は平均9.5％（図５－６）。毎年過去最高を更新していますが、やはり世界的に見ると低い水準で推移しています。

ちなみに、世界でも高水準の国々を紹介すると、1位はフィリピンの53%、ついでスウェーデン（43%）、アメリカ（41.4%）、オーストラリア（40%）、シンガポール（38.1%）と続きます（国際労働比較のデータより）。

フィリピンでは、アメリカとの関係性や、英語がほぼ公用語という環境を生かした経済活動が盛んでした。女性のかいがいしい性格も相まって家政婦として世界中で活躍していることで有名だったのですが、インターネットの普及により、在宅でできる仕事を得た女性も多くいます。日本でも浸透してきたオンライン英会話の講師にフィリピン人女性が多いのに気が付いた人もいるでしょう。これもDXが女性の社会進出を促した例といえるでしょう。

■稼げない日本女性の活躍が企業の成長に

管理職が少ないということは、当然賃金の格差もあるということです。内閣府の調査によると、日本の単身未婚女性の約半数は年収300万円未満、既婚女性に至ってはおよそ6割が年収200万円未満です。「日本は貧しくなった」という世間の声を反映するような結果です。

女性の賃金が上がらない理由の一つに、出産、子育て後の女性が非正規雇用に移行する点も見逃せません。無意識のうちに男女の役割分担を決めつけてしまっているバイアスもありますが、女性が育児休暇後に復帰できる、出産、子育てを経ても活躍できる環境を整えることは、企業にとってもメリットしかありません。お話してきたように、この環境整備にはDXが有効なのです。

せっかく経験を積んで会社の業績に貢献してくれるようになった女性社員が結婚や出産を機にやめてしまう企業では、人材育成への投資もムダになってしまいます。社会のため、女性のためでなく、御社のためにも女性の活躍は不可欠なものになっていくはずです。

図5－6　日本企業における女性管理職の割合

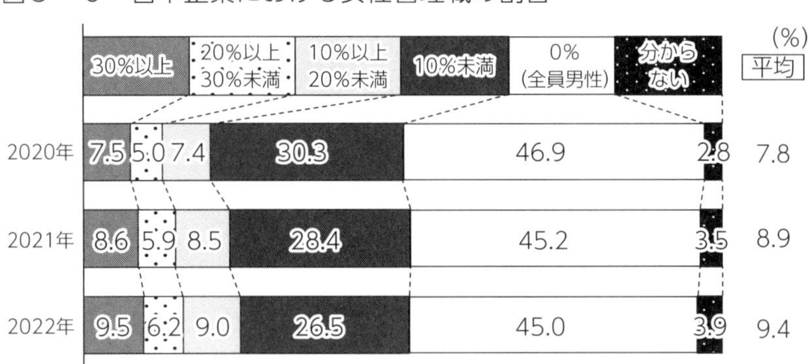

注：母数は有効回答企業1万1,503社。2021年7月調査は1万992社。2020年7月調査は1万1,732社

出典：帝国データバンク「女性登用に対する企業の意識調査（2022年）」

■女性活躍社会に向けた取り組み

2016年4月より施行された「女性活躍推進法」は、その名のとおり「働く女性の活躍を後押ししますよ」という法律です。

正式名称は「女性の職業生活における活躍の推進に関する法律」で、国や地方公共団体、常時101人以上の労働者を雇用する一般事業主に対して以下の取り組みが義務づけられています。

（1）自社の女性の活躍に関する状況把握、課題を分析する
（2）１つ以上の数値目標を定めた行動計画を策定、社内周知して公表する
（3）行動計画を策定した旨の都道府県労働局への届け出
（4）女性の活躍に関する１項目以上の情報を公表する

こうした取り組みによって、企業側の対応にも少し変化が見られ、日本の女性の就業率は少しずつ上がってきていますが、まだまだ課題が多いのはみなさんも感じているところでしょう。特に、幼稚園、小学校の学童保育の運用時間も改革しなければならないと思っています。

すでに触れたものも含めて、日本の女性の労働に関する課題を少しまとめてみると、

- **女性の管理職は１割程度と、国際的に見ても低い水準にある**
- **第一子出産を機に６割の女性が離職する**
- **育児後に再就職する際はパート・アルバイトになる場合が多く、女性雇用者における非正規雇用者は６割近い**
- **働きたくても働けない女性が約300万人いる**

管理職の比率を見ても、日本企業はまだまだ男性社会ですから、「平等を実現するための変化」ととらえる企業が多いかもしれません。し

かし、少子化による急速な人口減少により、将来の労働力不足が叫ばれている今、女性に、もっと多く、もっと長く、もっと高い能力を発揮して働いてもらうことは、企業の利益にしかなりません。

■働きたいときに働ける環境を

女性の活躍にDXが貢献できる例を一つ紹介しましょう。

第3章で、私たちのシステムを利用されている大手飲食チェーンのお話をしました。パート・アルバイトさんが毎月2500人ほど入れ替わる際の手続きのDXについての事例です。

じつはもう一つ、この企業の根幹であるパート・アルバイトの労働力を有効活用する施策がDXによって実現しています。それが人事労務データの継続です。

パート・アルバイトは、状況が変わって再び働くことになったり、引っ越しなどで一度やめても、引っ越し先の店舗に再応募することがよくあります。

このとき、適切に管理された状態のデータが保管されていれば、変更のない情報の入力を省略できます。以前働いていたときの勤務状態、スキル情報なども復活させられるため、働く側、雇う側ともに「ゼロからやり直し」の苦労をしなくて済むのです。

この飲食チェーンでは、6万人の雇用データを持っていますが、その裏には休眠扱いの従業員データも含めた40万人近くのデータベースがあるのです。

正規雇用の継続にはつながりませんが、一時職場を離れざるを得ないことが多い女性が、自分のタイミングに合わせてフレキシブルに働ける仕組み、環境は女性の社会進出に効果的です。

医療崩壊を救う？　看護師の復帰を促せ

コロナ禍で話題になったのが、看護師の人手不足です。未知のウイルスに対応する極限状態にさらされた看護師たちの疲弊が医療崩壊に直結すると大きな話題になりました。

このとき注目されたのが、女性が多いこともあり出産・育児のため、結婚のためなどさまざまな理由で離職している“潜在看護師”の存在でした。

資格が必要で育成にも時間がかかるのに、“潜在”になってしまう看護師が多いことは、社会にとっても損失です。

医療機関のDXが進めば看護師の各種資格、スキルを持つ人がデータベースに登録され、働きやすい環境を優先してAIでマッチングできるようなシステムが当たり前になるはずです。

DXはすぐれた人財を育てる！

■POSシステムの開発とDX

私が起業して最初に手がけたビジネスは、買い物の会計時に販売情報を記録・集計するPOSシステム（販売時点情報管理; Point Of Sale system）の開発と販売でした。

POSで得たさまざまな情報をマーケティングにつなげていく手法は現在では常識になり、データを取っていることも誰も意識しなくなりました。

POSシステムは、これまでは優れた商人や販売員の感覚や勘でしかなかった「これは売れる」という予測を可視化し、データに基づいて分析するためのものでした。

その意味では、仕入の根拠や売上予測、出店計画にまで影響を与えたわけですから、小売業はずいぶん早くからDXを始めていたことになります。

POSシステムをインターネットにつなぐコネクターの開発が、POSシステムの今でいうクラウド化につながり、そのデータ共有が顧客を識別してそれぞれに合った対応をする「個客識別マーケティング」につながっていく様子は、拙著の『店長さん!お客を「区別」すると儲かりますよ！』（東邦出版）に詳しく書いたのでそちらをご覧になってみてください。

これまでデジタル化による業務効率化について多くの紙幅を割いてきましたが、POSシステムの進化から「個客識別マーケティング」というマーケティング方法が生まれたように、本来DXとは、業務がデジタル化、電子化、省力・効率化された先にある劇的な変化、進化のことを指します。

■DXは人を育てる？

私は“本当の意味でのDX”の柱の一つになるのが「人材の成長」にあると考えています。

従業員3600人のドラッグストアチェーンでは、人事に4人、総務に6人、経理に10人、計20人のバックオフィス人材がいました。システムの導入、自動化によってDXが進んだ結果、この会社のバックオフィス人材は全体で6人減らすことができました。

減らしたといっても、解雇したわけではありません。バックオフィスで経験を積んだ社員たちは、その経験を後進に伝える人材育成を中心に、さまざまな部署で活躍しているのです。

また、このドラッグストアチェーンは慢性的な店長不足にも悩まされていました。新規開店と同時に新規採用の正社員を店長に就任させることもあり、人事担当者はいつも「なかなか優秀な人材がいない」とこぼしていました。

DX化による効率化は、従業員が自分でできることを増やしました。シフトに多くの時間を取られていた店長も本来の業務である「人を育てる」役割も十分に果たせるようになりました。全社で主体的な取り組みが増え、さらにバックオフィスの省人化で新たに人材育成に力を入れることができたこともあって、店長候補が目に見えて増えました。

バックオフィスをDX化することで、会社の内情を熟知している人事・労務・総務・経理の人材を、営業、企画、商品開発、さらには人材育成といった部門で有効活用できるようになります。

「優秀な人材がいない」「優秀な人材が来ない」と嘆いている中小企業の経営者は、まさに灯台下暗し。本来いるはずの優秀な人材を使いこなせていないだけなのです。

■人事評価システムのDX

例えば、人事評価をシステム化し、クラウドに切り替えたとしましょう。このとき、もっとも恩恵を受けるのは管理職であるベテラン社員です。人事労務管理システムには、効果的な人材育成、成長をどう効率化するかを研究した機能が用意されています。

システム上で、1on1の面談のスケジュールを決められたり、その記録をデータで残したり、感想、所感を相互にレポートしたりできる仕組みがあるものも珍しくなく、これまで時間を取られていた後任や若手の育成を大幅に効率化できます。

■人事評価の不満が退職要因に

私がこれまで見てきた企業のなかには、人事評価の査定後に退職者が出る企業が多くありました。上司の自分に対する評価に不満があるという人は、だいたい「評価が不当に低い」と思っています。この社員はなぜ自分の評価が「不当に」低いと思うのでしょうか。

答えは簡単です。基準が明確ではなく説明が不十分だからです。上司の好き嫌い、人付き合いや愛想の良さで評価を決められているのではないか？　「公平で適正な評価」とよくいいますが、これはなかなか難しいのです。

■人事評価を数値で視覚化

入社後、目に見えて成績を伸ばした営業マンは評価がしやすいでしょう。ただし、仕事には、わかりやすい成果とわかりにくい成果があります。

人事評価をシステム化すると、「がんばっている」「成長した」という主観的な印象を数値化しなければならなくなります。多くの人事評価システムは5段階評価で、あらかじめ会社が設定した項目を1〜5の数字で評価していきます。

これだけでもかなり人事評価の“見える化”になります。項目は評価される部下にも見えていますから、何をがんばればいいのかがわかりますし、自分の評価をレーダーチャートにすれば、今の自分の得意・不得意が一目でわかります。

上司も1〜5の評価をつける際に、根拠となる所感を記入しなければならないので、部下をよく見るようになります。このことは上司の人材育成力を鍛えることにもつながります。

日本人は3が好き？

☆☆☆☆☆

アンケートに答えるとき、ついつい「どちらともいえない」に丸をつけることってありませんか？　日本人の特性なのかもしれませんが、なんでも控えめに真ん中を好むという傾向があるようです。

人事評価システムも、導入して間もない企業では、5段階評価のうち3をつける人が多いように感じます。私はそんな企業さんには「3は禁止」を提案しています。3は多くの場合、深く考えず「どちらともいえない」のニュアンスでつけています。

3がつけられない場合は、「どちらともいえない」場合は、4か2のどちらかを選ばなければならなくなります。その過程で上司は部下の行動をさらに注意深く見ることになりますし、見えない良さ、問題を見つけて5に近いのか、1に近いのかを判断するようになるのです。

こうして見ると、人事評価に関する問題は、評価される部下だけでなく、評価する上司にも責任がありそうです。

第 6 章

答えのない時代の “未来” を創るために

目に見えるわかりやすい利益にしがみつく時代は終わった

■旧態依然としたやり方にしがみついている暇はない

世界は驚くべきスピードで変化しています。私が33歳で初来日した当時、1997年の日本は憧れの国でした。砂漠の緑化研究の専門家で国家公務員の父と、元教師の母に育てられた私は、小学生の頃、厳しかった母の目を盗んでこっそり見た日本のドラマ、山口百恵さんの『赤い』シリーズに憧れ、世界でも指折りの経済的発展を遂げる日本を見上げて育ちました。

かつてはものづくりの先進国、世界に誇る技術立国だった日本ですが、その当時の成功体験が強烈すぎたのでしょうか、デジタル化の波が押し寄せた後の大きな変化にはうまく対応できなかったように見えます。

中国をはじめさまざまな国が新しいやり方をどんどん取り入れて成長をしていくのを横目に、いい意味でも悪い意味でも過去の遺産（レガシー）を活用することにこだわってしまったのでしょう。

■企業活動自体が変化する時代に

たくさんつくって、たくさん売って、たくさん捨てていた時代から、消費者目線で必要なものを、必要なだけ、その出どころまで吟味して手に入れる時代へ。SDGsが重要なキーワードとしてさまざまな分野で語られるようになった現在では、世界の経済、ビジネスも大きく変わらなければならない大転換期にさしかかっています。

私は、起業当初から「技術力・人間力でお客さまの付加価値を創造する」というビジョンで20年間仕事をしてきました。この20年間に一緒にがんばってきた社員を見ても、また、ずっとわが社のASPサービスを利用していただいているお客さまを見ても、「継続は力なり」を信じていました。しかし、コロナ禍のある日、電話がかかってきました。

「劉さん、オフィスは閉じますが、御社に支払うランニングコストは払い続けます」といってくれた時に、中小企業の経営者は熱い思いを持っていると感じました。そして、私は企業の継続成長を支援したいと思いました。

創業20周年の今、「社員の幸せ、企業の継続成長をテクノロジーで実現する。その先は社会貢献がある」といい続け、「お客さまのため、社員のため、社会のため。社員が必要とするその幸せ！　企業が必要とするその継続発展！　その変革すべてをJANGAのテクノロジーで」というビジョンを掲げ、DXの推進とSDG sへの取り組みを強い思いで支援させていただいています。

DXの必要性が叫ばれるようになり、SDGsの重要性が社会に浸透し、企業の活動が単なるお金もうけだけではなくなった新しい時代を迎えてようやく、私たちの掲げるビジョンの本当の意味がわかってもらえる環境ができてきたのではないかと思います。

ここまで見てきたようにDXは、お客さまのため、企業のため、そこで働く社員のためになる大きな変化です。そしてその変化は、これまでの経済活動と違い、社会のためという重要なミッションにつながっています。

この最終章では、DXが社会を変える可能性についてお話しましょう。

■世界の変化に置いて行かれる日本

高度経済成長、バブル経済の余韻が長く続いた日本では、レガシーに頼るあまり、新しいことへの切り替えが遅れました。しかし、悲観してばかりもいられません。デジタル領域の世界の変化は多くの日本人が思っているよりもはるかに早く、急激に進んでいます。

「AIチャットなんてネットの情報の集約しかできない」といわれていたものが、生成AI、ディープラーニングをフル活用したChatGPTが登場したことで、突然変異のように急激な進化を遂げました。すでにご紹介した例にもあるように、「医師より親身になってくれるAI」が登場し、人間にしかできないと思われていた仕事を代替できるロボットの存在も夢物語ではなくなっています。

DXで社会が見える、未来がわかる

■信用度スコアで可能性が広がる中国

中国では、他国にはないスピード感で国のさまざまなシステムのDX化が進んでいます。

中国ですでに稼働している、ウソのような本当の話が、国民一人ひとりの"信用"を数値化して、社会的な信用度を明確化する「社会信用システム」(Social Credit) です。

日本でも、クレジットカードやローン申請の際には実績を信用度にするスコアが使われていますが、中国では、犯罪歴や経済活動履歴、インターネット上の行動などを政府が把握し、信用度に応じた社会活動の制限を行っています。

また、一般企業も独自の信用スコアの導入に積極的に取り組んでいます。中国版Amazonといわれる Alibabaは、「芝麻信用」という独自の信用データベースをつくり、ショッピングの際の支払い能力だけでなく、さまざまなデータを収集し、その人自体の信用価値をスコア化しているといいます。

■DX時代の公正とは？

「ちょっとやり過ぎでは？　監視社会になってしまう」という考えもあると思いますが、すでにご紹介したように配車サービスのUberでは、利用者がドライバーを評価することでそのドライバーに多く仕事が回ったり時給が変動したりします。

データによって信用が可視化されることは、公正な評価にもつながり、真面目に正直に働いた人が評価される良い面もあるのです。中国では信用スコアで社会生活が制限される可能性がありますが、裏を返せば、信用スコアが高い人は、社会における成功をつかめるということでもあるのです。

■DXで社会が見える

私たちの会社でも、個客識別マーケティングを行うための顧客データ収集およびその活用を支援するシステムを開発、販売しています。

この顧客データで、社会の変化が垣間見える面白い出来事がありました。

あるお店では夕方から夜にかけて、紙おむつとビールが同時に購入されるという傾向がデータに出ました。

なぜでしょう？　答えは、「子育て中のパパが、忙しいママの代わりに会社帰りに紙おむつを買い、ついでにビールを買っている」という消費行動でした。

このデータ分析をもとに紙おむつの売り場近くにビールを置いたところ、ビールの売上がアップしたそうです。

顧客データが、販売予測につながり、それが売上をアップさせてくれた例ですが、父親の子育て参加という社会の変化がわかりますし、今後、男女平等や女性活躍社会の実現にも活用できそうです。

■きちんと食べる時間さえ失っている日本人

私が内モンゴル医科大学に在職していたとき、「モンゴル人の健康の秘密を探る」というテーマで、日本の富山大学と共同研究を行いました。

厳しい環境に暮らし、強いお酒を飲む内モンゴルの人々がなぜ健康でいられるのか？　プロジェクトでは、その秘密は内モンゴル人の日々の食生活にあるという結論が出ました。私もハダカエンバク（オート麦の一種）から作られる日本のおそばに似た、モンゴル特有の「ゆうめん」を日本に紹介するビジネスも手がけていますが、「食べる」ことは人間の基本として、健康をつくる重要な要素です。

日本人は世界でも例を見ないほど長時間労働をしています。「24時間戦えますか」はさすがに時代遅れですが、長時間労働を前提とした仕事量の割り当て、非効率な残業がまだまだ多いのが現状です。

DXは、きちんと食べる時間さえ失った日本のビジネスパーソンの健康を守ることにも貢献するでしょう。

■企業の成長のためのウェルビーイング

人間が忙殺され、長時間かけてやっていた作業をRPAやAIは一瞬でこなしてしまいます。もちろん残業代もいりません。時間と労力のかかる仕事をAI社員に任せることは、今話題のウェルビーイング（well-being）にもつながります。
ウェルビーイングとは、心身と社会的な健康を意味する概念です。
世界保健機関（WHO）憲章には、精神的、社会的にも満たされている幸福な状態こそが、本当の健康だという意味のことが書かれています。企業が社員の健康診断やメンタルヘルスに気を遣うのは、社会的責任の他にも教育コストをムダにしないという側面もあります。
仕事ができるからといって、疲労や精神的負担を無視して仕事を次々に詰め込んでしまえば、健康的な問題や精神的な問題でやむを得ず休職や退職をしてしまうことも考えられます。これは企業にとって大きな損失ですし、それまでにその社員にかけた教育コストがムダになってしまいます。

私は、DXで余剰時間ができたら、その時間を社員一人ひとりの健康のために使ってほしいと思っています。また、そのことが結果的には会社のため、企業の成長につながると考えています。
日本で社会問題になっていることの一つに「自殺」があります。警察庁のデータによると、2022年の自殺者は2万1881人、そのうち勤務問題に原因がある人は、2968人でした。
「過労死」は日本発の不名誉な世界共通語になっています。
DXによって１日一人１時間、自由に使える時間ができるなら、少しでも早く帰宅して、趣味や健康維持の時間に使うことが人々のウェルビーイングにつながります。
社員がゆっくり休み、体と心を充実することで、結果的に仕事の生産性も高めることができるのです。
すべての経営者に声を大にして伝えたいのは、社員の心身の健康こそ、会社を守り、成長させる大切な資本になるということです。

図6－1　自殺の原因・動機別自殺者数の年次推移

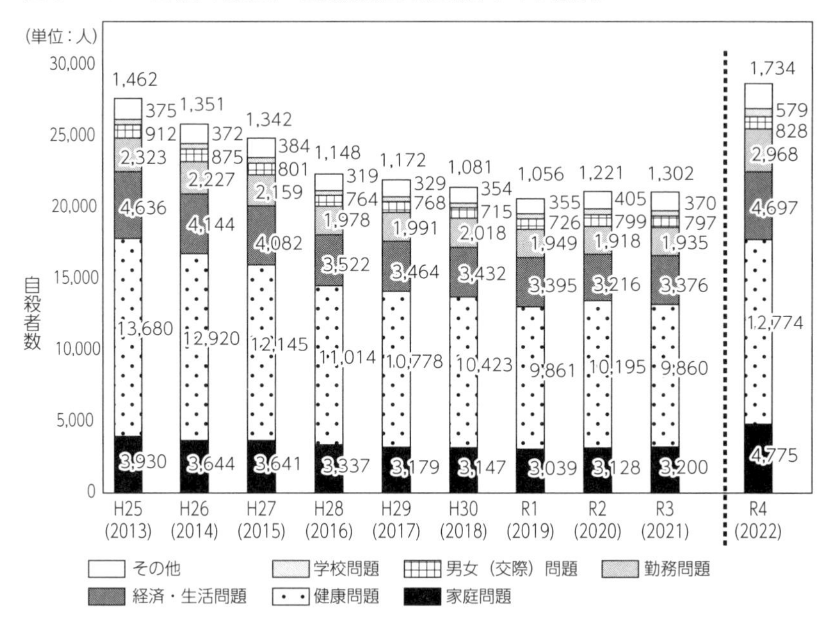

※自殺の原因・動機に関して、令和３年までは、遺書等の生前の言動を裏付ける資料がある場合に限り、自殺者一人につき３つまで計上可能としていたが、令和４年からは、家族等の証言から考えうる場合も含め、自殺者一人につき４つまで計上可能とした。このため、単純に比較することはできない。

出典：警察庁自殺統計原票データより厚生労働省作成

■砂漠化が進む内モンゴルからやって来て

私の故郷の内モンゴルでは、1960年頃から砂漠化が急速に進行しています。内モンゴルといえば地平線まで見渡せるような大草原なのですが、1960年には82万k㎡あった内モンゴル自治区の草原の面積は、1999年には38万k㎡に減少、その後も急速な砂漠化は止まらず、2008年までに草原面積の59%が砂漠化したそうです。

じつはこの内モンゴルの砂漠化、日本にも直接の影響を与えています。毎年春になると大陸から風に乗ってやってくる黄砂の発生源の一部は、内モンゴルの砂漠の砂です。

砂漠化進行の原因は、土地の再生能力を超えた過剰な開墾・放牧、人口増加に伴う生活形態の変化などさまざまに挙げられていますが、人間の生活が自然に影響を与えたことだけははっきりしています。

砂漠の緑化研究の専門家だった父の背中を見て砂漠化が止まらない内モンゴルで幼少期を過ごした私は、木と水がどれほど大切なものなのかを切実に感じながら育ちました。

私も父の手伝いでたくさんの木を植えて、その木に一生懸命水をあげたことを鮮明に覚えています。日本には豊かな緑があり、水も豊富にあるため、この自然の大切さに鈍感なところがあるように感じます。

一度失われた緑を取り戻すには、その何倍も時間をかけて緑化再生を行わなければなりません。私がDXによるペーパーレスを推進しているのには、こうした思いがあるのです。

コピー用紙やFAX用紙、帳票、メモなどさまざまな紙であふれかえるオフィス。書類の“現物”にこだわり、いまだに関係する人全員の押印を必要とするハンコ文化……。

2021年の日本の国民1人当たりの紙の消費量は185.7kgだそうで

す。これは世界平均の55.1kgの3倍以上になります。

紙をつくるためには木だけでなく、大量の水も必要です。日本人一人ひとりが年間に消費する紙の量を減らすだけで、世界のどこかの森が守られるのです。

ペーパーレスの実務的効果、業務効率化への貢献はすでにお話ししました。ペーパーレス化を進めることは、企業の利益になるだけでなく、社会のためにもなるDXです。緑と水のあふれる惑星である地球を守るのに、DXが大きな役割を果たす可能性があるのです。

大量の紙を消費するチラシが姿を消す未来

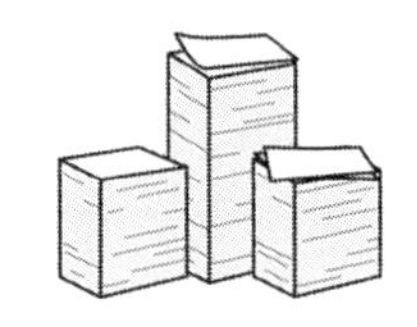

POSシステムから始まった「個客識別マーケティング」は、時を経て、AIを搭載した販売予測顧客識別マーケティングシステム『J-COMs』に進化しています。顧客データの把握、蓄積はもちろん、管理しているデータに基づいて顧客のニーズを先取りし、マーケティングに生かすことができます。

例えばスーパーマーケットなどの小売店でマーケティングツールとして主流だった紙のチラシは、J-COMsがあれば無用の長物になります。家にチラシが投かんされなくても、新聞に折り込みされなくても、顧客のほうから情報を求めてやってくる。紙の無駄を省けるうえに、顧客に適切な情報を届けることで、より効果の高いマーケティングが行えるわけですから、一石二鳥以上の効果があります。

DXとSDGsは相性がいい

■注目を集めるSDGsとは？

SDGs（エス・ディー・ジーズ）は、持続可能な開発目標（Sustainable Development Goals）のことで、貧困や不平等、気候変動、環境劣化、繁栄、平和と公正など、現在私たちが直面している問題の解決に向けて、17の目標を立て、2030年までに達成することを目指したものです。

17の目標は上図のとおりですが、このいくつもが、企業がその責任において、しかもDXを推進することで達成できる、または大幅に前進させることができます。

■多くの企業がSDGsに取り組む理由

日本でも多くの企業、しかも大企業と呼ばれる企業ほど、SDGsに積極的に取り組んでいるのにはいくつかの理由があります。

一つは、SDGsへの取り組みによって、新たなビジネスチャンスが生まれるという、企業の営利活動に直結する理由です。SDGsは社会問題を解決するために立てられた目標です。「みんなの困っていること」を解決する際には、必ず新しいビジネスチャンスが生まれます。SDGsを軸に新規事業に取り組む企業が多いのもうなずけます。

もう一つは、投資家や消費者への対外的アピールです。現在は、ESG（Environmental, Social, and Governance）投資といって、社会性や健全性を企業の評価として取り入れる投資方法が話題になっています。SDGsに積極的に取り組む企業を市場が評価する流れはもう定着したといってもいいほどです。

「それは大企業のやることでうちには関係ない」と思っている中小企業の経営者の皆様！　これからの時代は中小企業だからこそ、特色のある取り組み、特定の層にアピールできる何かが大きな武器になるのですよ。

■SDGsが就活生へのアピールに

さらにもう一つ、SDGsは自分の会社で働く人、これから働こうとする人のモチベーション向上、企業としての魅力度アップの効果もあります。

ダイレクトリクルーティングサイト「あさがくナビ（朝日学情ナビ）」を運営する株式会社学情の「就職意識調査」によると、2022年卒業の就活生が企業を選ぶ際、「企業のSDGsに関する取り組みを意識する」と回答した学生は51.4％にもなったそうです。

Z世代と呼ばれる若者たちは、本音か建前かその真意はわかりませんが、賃金や待遇よりも環境問題や社会問題に事業として取り組む企業を評価し、就職を希望する「エシカル就活」という言葉も生まれています。

現在、職場で働いている人たちも、企業がSDGsに積極的に取り組むことを評価し、モチベーションにつなげる傾向にあります。

優秀な人材を企業に招くためには、SDGsのような社会的な取り組みが重要になってきているのです。

■DXでSDGsの目標を達成

私たちの会社では、採用活動のアピールとして、テクノロジーによるSDGsへの取り組みを前面に押し出しています。

目標①「貧困をなくそう」には、処遇の改善を

④「質の高い教育をみんなに」については、人材育成や教育を

⑤「ジェンダー平等を実現しよう」は、私たちが特に力を入れて取り組んでいる女性活躍推進を

⑧「働きがいも経済成長も」は私たちがもっとも得意とするすべての事業の効率化、省力化に直結します。

⑨「産業や技術革新基礎をつくろう」は、環境に配慮した製品、サービスの提供

⑩「人や国の不平等をなくそう」は外国人の積極雇用

⑫「つくる責任、つかう責任」

⑬「気候変動に具体的な対策を」は、IT導入によるペーパーレス化と、直接的なものだけでもこれだけ挙げることができます。

■中小企業のSDGsとDXの取り組みは似ている？

SDGsへの取り組みは、DXへの取り組みと似たところがあります。DXの取り組みの実態調査でも資料を使わせていただいた中小企業基盤整備機構の「中小企業のSDGs推進に関する実態調査（2023年）」によると、SDGsに取り組んでいる企業は14%とまだまだ少数派。普通に生活していても気候変動も含めSDGs関連の話をよく耳にするのに、「現在は取り組んでおらず、今後も取り組む予定はない」という実質「ゼロ回答」の企業が29.9%もあるのが現状です。

SDGs取り組みに向けての課題もDXのそれとよく似ています。情報が少ない、資金が少ない、取り組みに必要な人材がいない……。ビジネスの成功の法則に「できない理由を探すより、できる方法を探そう」というものがありますが、DXもSDGsも、とにかく始めること、始めないことがもうすでにリスクになるという時代が来ています。

図6－2　SDGsの取り組み状況

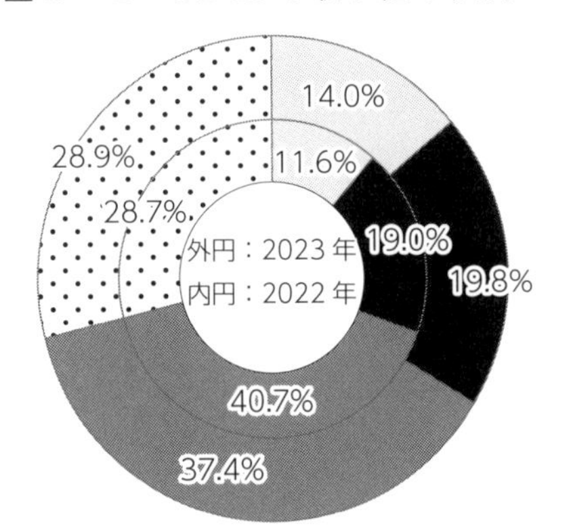

中小企業基盤整備機構「中小企業のSDGs推進に関する実態調査（2023年）」より

図6－3　SDGs取り組みに向けての課題

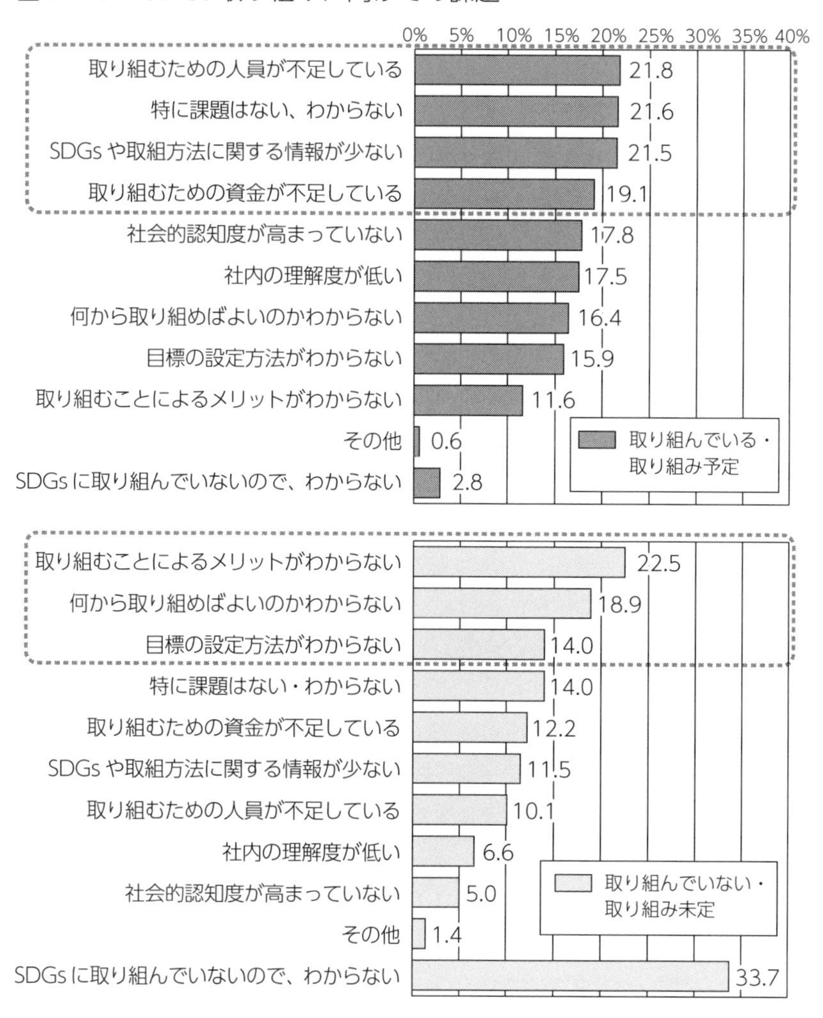

中小企業基盤整備機構「中小企業のSDGs推進に関する実態調査（2023年）」より

おわりに

「劉さん、店舗の店長さんがやっているシフト管理って、本当に大変なんですよ」

思えば私とDXのかかわりは、当時お世話になっていたドラッグストアチェーン「千葉薬品」の当時の専務さんのこんな一言から始まりました。

「シフト管理が大変？　それって店長がどうしてもやらなければいけないことなの？」

千葉薬品は、縁あって日本で働くことになった私を内モンゴル医科大学から嘱託社員として受け入れ、さまざまな業務を任せたくれたうえに「業務の生産性を改善して効率を上げ、会社と働く人、お客さんみんなが笑顔になる事業を興したい」という私の背中を押してくれて、起業の応援までしてくれた恩人です。

この大変な状況を改善したい！　改善できたらすごいことになる！　専務から話を聞いたとき、私はパッとひらめきました。

いわれてみて気づいたのですが、シフト制で働くパート・アルバイトのスケジュールを管理するのは、たしかに店長の仕事です。みんなの予定を反映させ、表計算ソフトに打ち込んで印刷した来月のシフト表を貼り出した途端に、「急な変更が……」とアルバイトから相談されるなんてことは日常茶飯事。あまりに変更が入るので、カレンダーに時間の枠だけ入れた紙を何枚も印刷し、すぐ書き直せるように鉛筆でシフト表をつくっている店長もいたほどです。

パート・アルバイトを管理し、それぞれの予定や希望を聞きながら、パズルゲームのように毎日のシフトをやりくりしている店長は、ドラッグストアに限らずまさに現場の扇の要のような存在です。

しかし、シフトの管理が店舗を預かる店長の大半の時間を奪ってしまっている現状はおかしいと思いました。

「店長さんが本来の仕事に専念できる勤怠管理システムをつくろう」

DXという言葉が聞かれるようになるずっと前、現場の悩みを解決することから生まれたのが、ジャンガ・テックが提供するクラウド型人事労務システム『SURUPAs』の原型になりました。その後も現場の生の声に耳を傾け、丁寧に拾い上げた“必要”から、さまざまな機能を加えたりソフトウェアやシステムを新設したりしてきました。

私たちのシステムが、IT化やDXに踏み切った企業とエンジニア、システムインテグレーターの間でしばしば問題になる「使いづらいシステム」「本当は必要性の低いシステム」と無縁なのは、エンジニアからの一方通行の発想ではなく、そもそも顕在化している現場の問題点を起点に開発をしているからなのです。

「こんなに大変な仕事を一人でこなしている店長さんが、シフト調整から解放されて、その能力をもっと別のことに生かせたら、その店舗はいまより絶対よくなる！」

当時は意識していませんでしたが、私がサラリーマン時代の25年前に感じたことは、そのままDXの目指すところであり、本質を突いていたわけです。

本書の「はじめに」から一貫して私がいい続けているのは、「後悔先に立たず」の後悔するかどうかの分岐点が迫っていること、会社の規模や業種にかかわらずDXは今すぐやるべきこと、これからは当たり前にみんながやることになるということです。

なぜ本を書いてまでこんなことを訴えるのか？

それはいろいろなところで会話を交わす経営者の方、会社幹部や要職に就いている人たちが、ことごとくデジタルに対する“変化”に後ろ向きだからです。

「テクノロジーのことはよくわからなくて」

「横文字はちょっと……プログラムとか全然わからないし」

「小売業にDXなんて関係ないでしょう」

私はIT企業の社長ですが、こういうことをいうみなさんに声を大にしていいたいのです。

「DXもデジタル技術も特別なことじゃありません。経営のために必要なことならなんでもやるべきでしょう？」

IT、DXというとある一定の年齢のより上の人、自分を文系人間だと思い込んでいる人たちにとって「なんだかよくわからないもの」だというのは理解できます。でも、システムを提供する私の立場でも「そんなことを知らなくても、経営のことがわかっていれば大丈夫」と断言できます。

実際にジャンガ・テックでは、私がプログラムを書いたりするわけではありません。私の役割は経営者として会社のビジョンを示し、クライアントの現場から生まれた問題や課題を改善するためのシステムの方向を示したり、開発したシステムを必要とする人たちに届くようにPRするとともに、システムを販売する社員が目標に向かって働くのをサポートすることです。

経営学の父といわれたピーター・ドラッカーは「企業経営のエッセンスは、何かに『卓越』することと、『決断』することである」といっていますが、DXに躊躇している経営者のみなさんも他の「何らかの卓越としたもの」があるはずです。

「会社は起こすのは簡単だけど、続けるのは難しい」とよくいわれますが、起業から1年で約6割の会社が資金調達に失敗し、その事業から撤退しているというデータもあるなかで、今この瞬間、会社を経営している社長さんたちは、少なくとも過去、優れた決断を下してきたからこそ今のポジションにいられるのではないかと思うのです。

千葉薬品の創業者である故・齋藤茂昭さんは、私の日本でのビジネスの師であり、大恩人です。齋藤さんは日本式の薬局から、現在全国のどこでも見られるアメリカ式のドラッグチェーン方式の店舗を日本に導入した人物です。さまざまな事業を立ち上げ、成功に導き、私費を投じて社会福祉法人を設立し、「この世から障害者という言葉がなくなる社会をつくる」ことを目指した篤志家としても知られています。

齋藤さんは、今考えればDXになる、前例のない業務効率の私の提案に「それは間違いなく会社にとっても、そこで働く人にとってもいいことだからやってみなさい」とチャンスをくれました。このときのチャンスがなければ、現在の私、ジャンガ・テックはなかったかもしれません。

アメリカの進んだ在庫・棚卸管理、物流システム、店舗経営のエッセンスをいち早く採り入れた齋藤さんに先見の明があったのは間違いありませんが、新しい未知のテクノロジーにも尻込みせず、経営者としてのブレない視点で取り組みの善し悪しを判断したのだと思います。

何度もいいますが、私はDXを単なるシステムの問題、テクノロジーの話だとは思っていません。日本だけでなく世界で"働く"ということの概念や価値観が大きく変わり続けている現在、人手不足ややりがいの問題、働く人のウェルビーイング、気候変動や環境問題に至るまで、あらゆる問題の解決に役立つツールであり、その仕組みをつくるきっかけになり得るのが本当の意味でのDXだと思っているのです。

内モンゴルの奈曼旗（ないまんき）に生まれた私が、日本でいう農林水産省の職員だった父の「砂漠の緑化研究」の都合で各地を転々としたこと、内モンゴル大学外国語学院日本語学科で日本語を学び、子どもの頃から憧れて日本との縁をいただいたこと、内モンゴル医科大学で日本語を教えながら通訳として、千葉大学と内モンゴル医科大学「甘草地上部分の研究」や、富山大学の「モンゴル人はなぜ健康でいられるのか」の研究プロジェクトに参加したこと、研究を通じて深めた千葉大学とのご縁で「中国製品の品質管理者として日本語ができる人材を探している」という話をもらったこと――今になってみれば、すべてが現在につながる"必然"でした。

1997年6月に来日したとき、私は自分が後にIT企業の社長をするなんて夢にも思っていませんでした。私が歩んできた道と、現在やっていることを見ていただければ、DXが単なるデジタル化ではなく、経営者が取り組んできた事業や、それまでやってきたことすべての点と点がつながり、線になるのを助けるハブになるものだということがわかっていただけるかもしれません。

IT、DXの専門家としてではなく、みなさんと同じビジネスパーソン、経営者の視点でいえば、DXこそあなたのビジネスを加速し、そこで働く人たちを健康に、豊かにし、会社も社員もお客さんも、そこにかかわるすべての人を笑顔にするための大きな助けになることを私は保証します。

コロナパンデミックによる大混乱、やまない戦争と紛争など世界は今、大きな苦境に立たされています。同時に、グローバルサウスの台頭など日本も含めた世界経済の勢力図にも大きな変化が見られます。

「日本の衰退」がいわれて久しいですが、私が内モンゴルから憧れのまなざしで見上げていた日本の技術力や繊細な心遣いなどの特性が再び輝くときが必ずやってくると信じています。その鍵を握るのはやはりDXしかありません。

すべての企業が“変身”するチャンスが今、やってきているのです。

劉　桂栄

■著者紹介

劉　桂栄（Liu　Keiei）

株式会社ジャンガ・テック代表取締役社長
中国・青島蒙青ソフトウェア科技有限会社　総董事長（会長）

1962年10月5日、内モンゴル・奈曼旗（ないまんき）に生まれる。
父親は日本でいう農林水産省の職員で、砂漠の緑化研究のため、著者も子どものころから各地を移動。小学校時代は、10回以上転校した。母親は教師だったことから成績に厳しく、その甲斐あって、中高一貫教育のエリート校に入学。当時、女性の大学進学率わずか4%といわれるなか、内モンゴル大学に入学、外国語学院日本語学科を卒業する。
内モンゴル医科学院で日本語を教えながら、通訳として、千葉大学と内モンゴル医科大学の研究プロジェクト「甘草地上部分の研究」や、富山大学の「モンゴル人はなぜ健康でいられるのか」プロジェクトに参加。
「中国製品の品質管理に、日本語ができる方を探している」という日本企業と縁があり、1997年6月に来日する。
2002年、株式会社ジャンガ・テックを設立。2003年、スタッフマネジャーシステム（SMS）を開発するほか、POSシステムとパソコンを結ぶ全銀通信手順の「ジャンガ・テック・コネクター」の開発に成功（旧端末POSシステムのインターネット化を実現）。その後、日本でいち早くWEB上にPOSシステム、人事労務システムを展開し、2023年末までにクラウドサービスユーザーは100万人を突破した。また、リーマンショックの不況時には小売業に「顧客識別マーケティング」を提案し、収益を伸ばすユーザー企業が続出した。企業の持続的成長、問題解決などを支援し、急成長を遂げている。
2004年3月、中国青島蒙青科技軟件（ソフト）有限公司設立、総董事長（会長）に就任。
著書に『店長さん、お客を「区別」すると儲かりますよ！』（東邦出版）がある。

■株式会社ジャンガ・テックホームページ　https://www.janga.co.jp/

《マネジメント社 メールマガジン『兵法講座』》

作戦参謀として実戦経験を持ち、兵法や戦略を実地検証で語ることができた唯一の人物・大橋武夫（1906 ～ 1987）。この兵法講座は、大橋氏の著作などから厳選して現代風にわかりやすく書き起こしたものである。

ご購読（無料）は
https://mgt-pb.co.jp/maga-heihou/

■ 企画協力　吉田　浩（天才工場）
■ 編集協力　長谷川華（はなぱんち）
■ 執筆協力　大塚一樹
■ カバーデザイン　飯田理湖
■ DTP　浅井美津

給料ゼロ円で 24 時間働く バックオフィス DX

2024 年 1 月 25 日　初版　第 1 刷　発行

著　者　　劉　桂栄
発行者　　安田喜根
発行所　　株式会社 マネジメント社
　　　　　東京都千代田区神田小川町 2-3-13（〒 101-0052）
　　　　　TEL　03-5280-2530（代）　FAX　03-5280-2533
　　　　　ホームページ　https://mgt-pb.co.jp
印　刷　　中央精版印刷 株式会社

ISBN 978-4-8378-0517-5　C0034